Hablar para convencer

Cómo expresarse bien en público

Hilario Pino

Hablar para convencer

Cómo expresarse bien en público

Ediciones Martínez Roca

Diseño cubierta: Exit
Imagen cubierta: Nines Mínguez

Provença, 260, 08008 Barcelona
Primera edición: septiembre de 2000
ISBN: 84-270-2597-1
Depósito legal: B. 30.081-2000
Fotocomposición: Pacmer, S. A.
Impresión: A & M Gràfic, S. L.
Encuadernación: Reinbook, S. L.

Impreso en España – Printed in Spain

A quienes ya no tienen palabra.
A los que nunca la tuvieron.

ÍNDICE

INTRODUCCIÓN

Usted, como yo, se habrá preguntado muchas veces, la mayoría de ellas con envidia, cómo es posible que haya gente con una enorme facilidad para expresarse y comunicar sus ideas. ¿Por qué algunas personas logran hablar en público sin tener el más mínimo problema? ¿Cómo han adquirido la seguridad? ¿Qué hacen para reflejar simpatía y lograr el aplauso de los demás? ¿Y por qué otros nos ruborizamos o tenemos miedo a quedarnos en blanco cuando pronunciamos un discurso ante un gran auditorio e incluso cuando tenemos que dirigirnos a los compañeros de trabajo o a un grupo reducido de amigos en nuestro propio cumpleaños?

Si pregunta al responsable de cualquiera de las muchas academias que se han puesto en marcha en los últimos años le dirá que lo fundamental, por encima de todo lo demás, es que se prepare y ensaye su intervención. Si le pide consejo a un psiquiatra le contará que esconde usted determinados miedos ocultos que le agarrotan y que lo primero que debe hacer es sincerarse consigo mismo. Y si le pregunta a un triunfador –a alguien capaz de hablar y hablar sin parar y que encuentra placer en ello– le responderá que ya desde pequeño se le dio bien expresarse en público y que lo importante es nacer con determinadas cualidades. ¿Cuál de ellos tiene razón? Todos y ninguno al mismo tiempo porque no hay dos casos iguales.

Uno de los principios fundamentales de la Programación Neurolingüística (PNL) –una ciencia del comportamiento y la comunicación humana que nació en Estados Unidos– defiende que todo lo que hace un ser humano puede hacerlo cualquier otro. Les engañaría si les dijese que me convence la máxima. No creo que todos tengamos las mismas capacidades. De lo que sí estoy seguro es de que todos podemos aprender y, por lo tanto, todos podemos mejorar. Por eso acepté la sugerencia de embarcarme en este texto sobre la oratoria. Por eso, y porque aún recuerdo con horror alguna experiencia propia como la vivida hace ya seis o siete años en Granada, en un acto organizado por la Asociación de Periodistas de Andalucía. No sabría decir el tiempo exacto que duro mi intervención. Si sé, y de sobra, que no tuvo ni pies ni cabeza y que, por lo tanto, ninguno de los presentes debió de entender nada de mi discurso. ¿La razón? No hubo una sino varias y las cuento, a modo de ejemplo y casi de confesión, en uno de los capítulos iniciales de este libro.

Me parece que fue el novelista alemán Thomas Mann quien señaló que los escritores son personas a las que les cuesta escribir más que al resto. Reproduzco sus palabras –suponiendo que la memoria no me falle y sean efectivamente suyas– por si alguien pudiera extrañarse de mi tropiezo y aclarando, en cualquier caso, que no existe ejercicio más solitario, al menos para mí, que el que se ejercita delante de una cámara por mucho que al otro lado te estén viendo millones de espectadores. Con esto quiero decir que, fuera de un estudio de televisión, he sentido los mismos nervios que cualquiera de ustedes al tener que hablar en público. Y hay ciertas situaciones, todavía hoy, que me producen inquietud. ¿Por qué someterme a esa especie de martirio? Pues por lo mismo que usted, porque no me queda más remedio. Ya decía Antonio Maura que la oratoria había dejado de ser profesión privativa de unos pocos y que no estaba reservada sólo al ágora de Atenas o al foro romano, ni resonaba tan sólo el apostolado cristiano en la cátedra sagrada, sino que se ejercitaba a toda hora. Y sucede –digo yo– cada vez más.

El nombre de Maura volverá a aparecer en este libro que recoge también los testimonios de algunos parlamentarios y de otros muchos personajes públicos de nuestros días. Todos aportan sus recuerdos, sus experiencias o su técnica, heredera en bastantes casos, aun de forma inconsciente, de griegos y romanos. Defendía Cicerón que el hombre podía conseguir prestigio de dos formas: con sus dotes para la guerra y con la utilización de la palabra. Lo primero, afortunadamente, ya no pesa demasiado. Lo segundo, lo queramos o no, tiene cada vez más importancia a pesar de los deslumbrantes avances en Internet. Y cuando me refiero a la palabra excluyo, claro está, a la que se presenta vacía de contenido ya que ésta, lejos de convencer, aburre.

Hace poco tiempo, después del nacimiento de su cuarto hijo, el primer ministro británico Tony Blair se reunió con las representantes del Instituto de la Mujer del Reino Unido que le obsequiaron con un buen montón de pitidos y pataleos. ¿Por qué lo hicieron si Blair había sido capaz de pronunciar un discurso correcto? Porque sólo lo era en apariencia pero, en el fondo, estaba del todo hueco. El primer ministro británico llegó a decir vacuidades tales como que había que adaptarse al cambio para crear nuevas oportunidades, que el futuro se debía asociar con la futura realidad o que la renovación de la comunidad era la respuesta a los desafíos que nos trae un mundo que está cambiando. Casi todos los auditorios comprenden y perdonan el fallo o la timidez pero no toleran la burla. Y las representantes del Instituto Británico de la Mujer no son una excepción.

Por suerte para nosotros, casi ningún público busca ahora la «gran oratoria» así que tampoco debemos hacerlo nosotros. Sí hemos de preocuparnos por la oratoria eficaz, que suele estar reñida con las intervenciones complicadas y larguísimas. ¿Qué es una oratoria eficaz? Aquella que convence y que, por lo tanto, nos permite lograr nuestros propósitos. ¿Cómo podemos llegar a ella? He de confesarle que son muchos los caminos y todos están en sus manos. También éste.

I

LOS NUEVOS ORÍGENES

La lengua ejerce su poder sobre la muerte
y la vida; aquel que sepa dominarla
gozará de sus frutos.

LIBRO DE LOS PROVERBIOS (18, 21)

Cuentan del novelista francés Gustave Flaubert que, con apenas seis años, llegaba a ponerse tan pesado con su criado Pierre que éste, harto ya y para quitárselo de encima, le decía: «Anda, ve a la cocina y luego me cuentas si estoy allí». Y el pequeño hacía caso, iba para allá y cumplía con el encargo preguntándole a la cocinera. ¿Era tonto Flaubert? Por supuesto que no. Por mucho que haya pasado a la historia como un niño poco dotado, lo único que hacía Flaubert era dejarse arrastrar por su imaginación y, sobre todo, otorgar a las palabras un poder por encima de aquello que representaban. Daba igual que estuviera viendo a Pierre. Si las palabras dejaban abierta una posibilidad a que pudiera estar en la cocina, había que dar más crédito a las palabras que a los ojos.

Es éste un caso exagerado pero muy ilustrativo, a mi parecer, para comprender la enorme fuerza que siempre ha tenido la palabra y cómo el hombre la ha utilizado y la sigue utilizando para persuadir y por lo tanto para vencer; para expresar y poder ser expresado, adquiriendo con ello constancia de su existencia. De ahí que el discurso –aquello que se dice– haya sido objeto de tanto análisis. Lo importante era y es descifrar el fondo y la forma, aprender a «manipular» la palabra para conseguir el triunfo: dominar la retórica y la oratoria.

Si uno consulta el diccionario encontrará que la retórica se entiende como el arte de hablar bien, como un conjunto de procedimientos y técnicas que permiten expresarse correctamente. Una definición muy parecida a la de la palabra oratoria. Pero resulta, por mucho que les pese a nuestros académicos, que se trata de dos cosas diferentes. Muy vinculadas entre sí, pero diferentes. La retórica trata de las reglas del discurso. Y cuando digo discurso no me refiero sólo al discurso institucional o solemne, sino también al ensayo, la novela o la exposición teórica. Frente a este propósito, la oratoria se ocupa sólo de la palabra hablada, del arte de «decir» lo que previamente se ha construido con las reglas de la retórica. En definitiva, que se puede ser un maestro de la retórica y al mismo tiempo un pésimo orador. Bastará con que alguien sepa construir de forma brillante un discurso pero le falle la capacidad expositiva. ¿Puede suceder al revés? No es lógico. Resulta difícil imaginar un discurso elocuente y convincente sin una correcta disposición previa. Lo que sí puede suceder –y cada día nos encontramos más ejemplos– es que una intervención técnicamente admirable en la forma –ejemplo de retórica y oratoria– esconda un fondo inexistente. O lo que es igual, que uno hable y hable sin parar con un aparente argumento, cierto ritmo y algún estilo pero con un discurso totalmente hueco. De hecho es muy frecuente que una intervención se califique despectivamente como retórica. ¿Quiere decir que no cumple las reglas de la retórica o, por el contrario, que las cumple al pie de la letra? Ninguna de las dos cosas. Simplemente significa que se trata de una intervención hueca. Pura palabrería.

¿Ha tenido el hombre siempre necesidad de comunicarse? ¿Cuando alguien transmite sus conocimientos lo hace de una forma inocente? ¿En qué momento arranca la importancia dada a la palabra? ¿Nos delata nuestra forma de hablar?

Decía Francisco Silvela, diputado y varias veces ministro durante la Restauración, que el hombre, a medida que perfecciona y eleva su espíritu, va labrando capiteles en los troncos y ordena en escala las hondas sonoras de las cuerdas en un proceso evolutivo de lo necesario a lo bello que se verifica en la palabra hablada. Y añadía que la voz articulada es la más apropiada materia para reflejar y expresar las hermosuras capaces de ser concebidas y sentidas por el alma. Como si el hombre hubiera comenzado a comunicarse con los demás para expresar sus sentimientos más puros y hablar sólo de las cosas bellas que hay en el mundo.

¿Es posible imaginar una explicación más candorosa? ¿No es más sencillo aceptar que el ser humano comenzó a utilizar el lenguaje –como el resto de los animales– para persuadir? ¿Y tan difícil resulta convencerse de que mucho tiempo después el objetivo sigue siendo el mismo? Ni siquiera la más tierna de las poesías se escapa de esa intención. No existe el arte por el arte. Cualquier manifestación artística busca persuadir, convencer. El hombre, como decía antes, siempre ha buscado vencer con la palabra.

Palabras para todos

Los orígenes de la retórica tal vez deban buscarse en las oraciones fúnebres de las religiones primitivas, aunque en los documentos más antiguos de la cultura europea –la Ilíada y la Odisea– se encuentran ya ejemplos del arte de hablar en público. Se decía de Néstor que la palabra fluía de su boca más dulce que la miel y, de Ulises, que sus palabras pacificadoras se asemejaban a la blanca caída de la nieve. Si además se recuerda que tres cuartas partes de la Ilíada –un poema de guerra– están constituidas por conversaciones y discursos, se comprende que sean muchos los que consideren a Homero el padre de la retórica. Pero con todo, sólo cuando en la antigua Grecia se llegó a una organización basada en las asambleas, en las que el arte de la palabra tenía un peso decisivo, se desarrolló como género literario autónomo. La oratoria, tal como hoy la conocemos, nacerá unida por lo tanto al concepto de democracia: sin la facultad de hablar de forma libre no puede existir un régimen verdaderamente democrático. De ahí que el arte de hablar en público haya sido «la más mimada criatura de la democracia» y que los grandes oradores hayan surgido en sistemas democráticos. Oratoria y política siempre han permanecido unidas porque los problemas del día a día, las decisiones más ordinarias o más complejas se resolvían con el debate. No es de extrañar, por lo tanto, que la oratoria formara parte de la educación y que el ágora concentrase toda la vida pública de las grandes ciudades del mundo griego. Sócrates enumeraba el beber, el comer y el charlar como los grandes placeres, Platón redactó casi toda su obra filosófica en forma de diálogos y Aristóteles llegó a escribir un tratado en tres libros que tratan de la elocuencia, los tópicos o las pasiones del oyente.

En Roma, el género se difundió ampliamente con oradores del calibre de César y Cicerón. Este último, que llegó de abogado a cónsul de Roma, insistía, como ya está dicho, en que había dos cosas que concedían al hombre el mayor de los prestigios: sus dotes para la guerra y sus dotes como orador. Y él decidió alimentar estas últimas hasta el punto de emplear la difamación para destruir a sus enemigos. Con la caída de la democracia la retórica se convirtió en puro tecnicismo vacío de contenido y poco a poco fue perdiendo su antigua importancia hasta que en los últimos siglos del Imperio floreció de nuevo bajo una forma sacra, dirigida primero a la interpretación de la escritura y después a la difusión de la doctrina cristiana. Uno de los grandes padres de la Iglesia, Juan I de Constantinopla (344-407 d. C.) recibió a causa de su elocuencia el sobrenombre de Crisóstomo, que significa «boca de oro».

En la Edad Media la oratoria jugó un papel destacado en torno a las cruzadas (con la palabra se convencía a los fieles de que debían jugarse la vida frente a los infieles), aunque fueron las escuelas monacales y catedralicias las que imprimieron su sello al arte de la oratoria. Se entendía que la palabra debía contribuir de forma eficaz a la propagación del cristianismo. En la Universidad de Bolonia –surgida en torno al año 1200 y, por lo tanto, la más antigua de Europa– la oratoria era una de las artes liberales junto a la gramática, la aritmética o la astronomía pero, según avanzaba el medievo empezó a tener un carácter más teórico, ya que su práctica se relacionaba casi exclusivamente con la Iglesia. Todo cambia con la aparición de la imprenta –se difunde el saber escrito que hasta entonces habían controlado unos pocos–, y más aún, posteriormente, con el establecimiento del régimen parlamentario inglés en el XVII y con la Revolución francesa que dio grandes oradores como Robespierre o Danton. En España la oratoria parlamentaria moderna nace en las cortes de Cádiz: Argüelles, Alcalá Galiano, Bravo Murillo...; ellos sentaron las bases de lo que fue el parlamentarismo español desde el 68 a la Restauración y desde ésta a la Segunda República: Sagasta, Pi y Margall, Castelar, Cánovas, Maura... Todos, en cualquier caso, auténticos aprendices si se les compara con Hitler o Goebbels, que azuzaron al pueblo alemán con sus discursos hasta llevarlo a la segunda guerra mundial. Por cierto que tanto Hitler como Mussolini elegían actores que les enseñaran ciertos trucos para hablar bien y, por lo tanto, convencer en público, como reflejó en *La resistible ascensión de Arturo Ui* el poeta y dramaturgo alemán Bertolt Brecht, declarado enemigo del nazismo.

Después de este rápido y apenas ilustrativo repaso histórico, la pregunta es evidente: Catón y Trotski, Napoleón I y san Agustín... Goebbels y Savonarola, ¿construían de la misma forma sus discursos? La respuesta es que no, aunque hemos de admitir que entre ellos existen muchas cosas en común. Todos estamos de acuerdo en que la oratoria ha perdido terreno en los campos político o militar y ha ganado importancia en el sector económico o en el ámbito privado pero aun así, las técnicas clásicas siguen plenamente vigentes.

Hace siglos, los retóricos ya señalaron los cinco puntos fundamentales que todo orador debe tener en cuenta:

- Recopilación de materiales (*inventio*).
- Estructuración (*dispositio*).
- Formulación (*elocutio*).
- Memorización del discurso (*memoria*).
- El arte de pronunciarlo (*pronuntiatio*).

Mucho más allá de la pura enumeración, Cicerón aconseja al orador que analice todos los temas de los discursos y extraiga de ahí los argumentos generales (*inventio*); que una vez que haya encontrado lo que quiere decir ordene sus ideas con una introducción digna y un acceso claro a la cuestión central (*dispositio*); que utilice en todo momento un determinado tono de voz según el sentimiento que quiera provocar en el oyente (*elocutio*); y así, paso a paso, teniendo mucho cuidado con su propia mímica que, como veremos más adelante, puede ayudar o perjudicar porque siempre delata.

Una especialidad natural

Puestos a ser sinceros y por no retroceder tanto en el tiempo, podría recomendarles que se leyesen el magistral discurso de Antonio Maura leído el 29 del noviembre de 1903 con motivo de su ingreso en la Real Academia Española. En él, se establecen los principios de lo que el reformista denomina «un género literario de especialidad natural e inextinguible» y se insiste, entre otras muchas cosas, en que ha de dejarse a un lado la improvisación y se recomienda leer a los prosistas y poetas clásicos para enriquecer el léxico y la forma de enunciación. Pero resulta que hasta el propio don Antonio, que por cierto llegó a ser uno de los mejores oradores de las Cortes aunque sus amigos mantuvieran durante muchos años que no sería capaz de articular dos frases seguidas, nos dice que los tiempos cambian y que se comete a veces el error de estudiar a esos clásicos admirados sin advertir que los asuntos, las costumbres o las instituciones de otras épocas autorizaban unas «solemnes fastuosidades oratorias cuya oportunidad rarísima vez retornará». Maura arremete contra aquellos que se intoxican de pedantería y utilizan una excesiva «majestad» aunque el asunto sea trivial.

Trasladando semejante consejo a la época actual, se infiere que no sólo no hemos de imitar a los clásicos sino tampoco a nuestros contemporáneos de principios de siglo. No lo hacen ni siquiera los políticos actuales. El propio ministro Trillo, que fue representante del pueblo español por medio de la palabra, como él mismo recuerda en la dedicatoria de *El poder político en los dramas de Shakespeare*, me comentaba poco después de la publicación de su libro que nadie aguantaría hoy en día en el Congreso discursos como los pronunciados no ya por Emilio Castelar, sino ni siquiera por Miguel Herrero, que no nos pilla tan lejos. Y no se aguantarían porque en la actualidad hay que hablar, según él, «de una forma mucho más pegada al terreno»; con datos, cifras, fechas... Hay que dar mensajes concretos. Los políticos buscan el titular porque saben que nosotros, los periodistas, perseguimos eso mismo y tendemos casi siempre a la ley del mínimo esfuerzo de forma que, muy frecuentemente, copiaremos el que ellos han fabricado en vez de buscar el nuestro. Se podría decir que ha surgido una «nueva oratoria» que casi es enemiga de la otra: la oratoria del mensaje breve. Importan los lemas, las frases echas del tipo «váyase señor González», «gratis total» o «España va bien».

Queda muy lejos, por lo tanto, aquel siglo XIX recordado por el escritor Luis Carandell como «la época del gobierno por la palabra». En aquel entonces el discurso de un ministro o un parlamentario de la oposición eran fundamentales para conseguir el voto. Ahora, con la disciplina exigida por los partidos, da casi igual lo que se diga desde la tribuna. Por muy brillante que aparezca el titular de Economía Rodrigo Rato

–uno de los ministros, por cierto, que llegó a recibir clases para hablar en público– no conseguirá ni un solo voto socialista a no ser por despiste. Quizá por eso son muy pocos los que se preocupan hoy en día por su «buen hablar». Aunque, dicho en su descargo, no es que no sepan construir buenos discursos; es que ahora se busca otra oratoria. Sonaría ridícula la comisaria Loyola de Palacio entonando como Cánovas. Igual de extraño que si el portavoz del PNV en el Congreso, Iñaki Anasagasti, emulase con sus discursos a Castelar.

Recordado por todos los parlamentarios como uno de los más brillantes oradores de nuestra democracia, Miquel Roca, en contra del criterio mayoritario, se muestra reacio a venerar ciegamente a los políticos de la Segunda República argumentando que, si bien Azaña era un magnífico orador en su época, también los había pésimos por aquel entonces. Aun así, es de los pocos que siempre ha defendido y practicado cierta brillantez expositiva. El ex portavoz de CIU en el Congreso me comentaba hace tiempo que la eficacia no está reñida con esa brillantez y que es fundamental la expresión correcta de las ideas no sólo para convencer a los demás sino para ganar seguridad en uno mismo.

Aun así, Miquel Roca sabe que perdería eficacia un discurso excesivamente barroco y que nuestra prosa se ha ido simplificando, de ahí que apueste por la utilización de frases más cortas e intervenciones nunca superiores a los 25 o 30 minutos.

En definitiva, que no tendría sentido que hablásemos ahora como Sagasta. Salvo en intervenciones extremadamente protocolarias, nadie lo entendería porque nadie espera de nosotros algo parecido. Nos dirigimos a un público que nada tiene que ver con el de hace sesenta años: dispone de menos tiempo y cuenta con una mayor capacidad de percepción. Lo han comprendido muy bien los publicistas –los de prensa escrita, los de radio y sobre todo los de televisión– que son capaces de exponer argumentos en quince segundos e incluso aprovechar esos quince segundos para desarrollar historias con un inicio, un nudo y un desenlace.

Es el caso de un reciente spot de una compañía de telefonía móvil: un joven llama a su novia desde casa y, sin parar de hablar por teléfono, hace la maleta, se marcha, coge un avión, camina por la playa y la montaña, se monta en un autobús..., llega a otra ciudad y se encuentra con ella. ¡Ha recorrido medio mundo en unos cuantos segundos!

Ya sé que la mayoría de ustedes no trabajan para televisión y que además sería imperdonable que una intervención pública durase quince segundos (tendríamos que ser muy brillantes para dejar satisfecho al personal en tan corto espacio de tiempo) pero este anuncio, como casi todos los demás, nos demuestra que en menos de un minuto se puede lanzar un mensaje y entretener y convencer a un auditorio. Si la invención de la imprenta supuso una tremenda revolución gracias al libro (hasta entonces era imposible la lectura individualizada de los textos y por lo tanto el saber se transmitía a través de la lectura en voz alta), la irrupción de los medios audiovisuales ha supuesto la segunda gran fractura.

¿Resumimos? Que las bases de la oratoria son las mismas –el origen es el mismo– pero no se tiene que empeñar uno en hablar o escribir como Platón. Ni siquiera debemos hacerlo como se hacía en el XIX por mucho que, desgraciadamente, aquel siglo mantenga su peso en lo referente a la retórica. Las novelas, las películas, los discursos..., todo se rige por «formas» más antiguas de lo que parece. La palabra y la letra impresa siguen pesando demasiado. Y si no arriesgamos, si nos empeñamos en una excesiva formalidad, nunca escandalizaremos pero tampoco atraeremos ni convenceremos a nadie. Seremos tan planos que sólo conseguiremos impresionar a los impresionados de antemano, a los que ya teníamos ganados antes de comenzar a hablar.

II

CONTRA LA IMPROVISACIÓN

Aunque yo hablara todas las lenguas de los hombres, y aun en el lenguaje de los mismos ángeles, si no tuviera caridad, vendría a ser como la campana que retumba en vuestros oídos y no mueve vuestros corazones.

SAN PABLO, Primera epístola a los Corintios

René Descartes publicó su *Discurso del método* en 1637. Hacía sólo cuatro años que la Inquisición había obligado a Galileo a abjurar de su doctrina –*eppur, si muove*–, y dos años antes Calderón de la Barca insistía en plantearse la realidad o irrealidad de los actos del hombre en *La vida es sueño*. Para entonces, a comienzos del siglo XVII, el filósofo francés reivindicaba ya el peso de la razón y defendía apasionadamente la relación entre «persuasión» y «orden, claridad e inteligibilidad» a la hora de elaborar un discurso. Descartes estaba convencido de que los que con mayor fuerza razonaban y mejor ponían en orden sus pensamientos para hacerlos claros e inteligibles eran los más capaces de persuadir aunque hablasen una pésima lengua y jamás hubieran aprendido retórica.

Casi cuatro siglos después aquella lógica mantiene su validez, máxime teniendo en cuenta que Descartes no sólo vinculaba la persuasión con la claridad y el orden, sino también con la existencia probada de algún tipo de pensamiento. Sólo a partir de que exista la idea, de que se tenga algo que decir y se domine un tema, la exposición pública podrá ser ordenada.

Lo primero para lograr eficacia en el discurso es preguntarnos por lo tanto qué deseamos contar. Y luego, o casi al mismo tiempo, buscar datos, preparar nuestro discurso. Los clásicos lo resumían muy bien cuando defendían que el orador debía tener un conocimiento digno del tema que fuera a tratar antes de pensar con qué palabras o de qué manera lo iba a expresar.

En estos tiempos de cambio de milenio es muy frecuente que en las Facultades de Ciencias de la Información se organicen conferencias, coloquios y mesas redondas sobre el informador del siglo XXI. A mí, como a casi todos los periodistas, me han invitado en más de una ocasión. Y lo primero que he hecho ha sido preguntarme si tenía sentido hablar del informador del siglo XXI. Para responder a esta cuestión me he planteado otros muchos interrogantes: cómo es el informador del siglo XX, si realmente se ha producido un cambio y su posible relación con la transformación de la tecnología, quién controla los medios de comunicación, si el espectador está indefenso, si contamos la verdad de lo que sucede... Para extraer mis propias conclusiones me he visto obligado a buscar datos hasta entonces desconocidos para mí a pesar de moverme en ese mundo. Y he encontrado que cada español invierte, como término medio, unas cuatro horas delante de la pantalla, que en el 2005 habrá, según diversos cálculos, unos 300 canales de televisión, que los espacios culturales tendrán muy poca presencia en las parrillas, que el futuro de la televisión digital pasa por la expansión del cable y que cada uno de los «portales» de Internet necesita a toda costa aumentar sus contenidos para garantizar un número determinado de conexiones y por lo tanto un nivel de ingresos. De ahí la reciente obsesión por las fusiones entre bancos, empresas de comunicación o información y las que tienen cierta implantación en la red. Dentro de dos o tres años el mercado televisivo en nuestro país generará unos beneficios anuales de 300.000 millones de pesetas. Un aumento totalmente compatible con el abaratamiento de los productos y la disminución de calidad de la oferta.

Ya sé que estamos hablando de comunicación y no del futuro de la televisión. Simplemente he puesto todos estos ejemplos para demostrar que salvo que alguien sea un auténtico experto, y no es mi caso, ha de estudiar y documentarse muy bien antes de preparar un discurso. Después, con los datos ya en la mano, decidirá cómo responde a la cuestión principal, referida en este caso al informador del futuro: ¡por supuesto que tiene sentido hablar del informador del siglo XXI! Porque las nuevas tecnologías, la concentración de poder y la especialización de cada uno de los canales de televisión harán que los empresarios busquen un tipo muy concreto de periodista, diferente al actual.

A partir de este convencimiento, contestada ya la cuestión principal, me tendré que preguntar si será imprescindible escribir bien, si desaparecerá el periodismo de investigación, si las grandes agencias norteamericanas administrarán todos los contenidos, si serán los gabinetes de comunicación y no los medios los que controlen los resortes de la información, si el poder se concentrará en unas solas manos... Estos interrogantes sólo surgirán a base de estudio, lecturas, reflexión. Y todo eso no se hace en cinco minutos.

Le puedo asegurar, por propia experiencia, que aunque parezca un incordio, resulta muy útil pensar de forma casi permanente sobre el tema los días previos a la exposición: en el metro, en los semáforos, mientras come, en la ducha. Y mucho mejor si tiene un papel y un lápiz a mano para ir anotando posibles ideas y dudas. Después sólo tendrá que resolverlas con libros, documentos, archivos, entrevistas... Llegará a saber mucho más de lo que necesita. Pero esa «reserva», aunque no sea utilizada de forma aparente, dará seguridad, fuerza y color a su discurso.

Secundino González, gran conocedor de la televisión y dedicado durante los últimos años a dirigir cursos de comunicación, acierta de lleno cuando afirma que la mejor improvisación es la que está preparada. O lo que es igual, la mejor improvisación es aquella que no existe. Y se puede citar también al escritor francés André Maurois que, ante la propuesta de que improvisara algo después de una reunión, respondió: «¿Cómo quieren que improvise si no me lo he preparado?».

Esto, que parece tan evidente, se incumple demasiado a menudo. Y por desgracia los periodistas somos expertos en ello. No se pueden imaginar la de proposiciones descabelladas que uno recibe cuando escribe de forma continuada en un periódico y, sobre todo, cuando aparece habitualmente en televisión. Los directores o responsables de programas, seminarios, mesas redondas y cursos de verano suelen caer en la tentación de recurrir al «famoso» o al «experto». Ambas fórmulas son no sólo criticables sino fraudulentas en muchas ocasiones porque llega a suceder que los sabios y los expertos se comportan como si dominasen todo tipo de cuestiones. Da igual que se les pregunte por ETA, por el IPC o por la temporada del Teatro Real. Al contrario de lo que recomienda Maurois, «expertos y sabios» sí son capaces de hablar sin una preparación previa.

Situaciones de emergencia

¿De todo lo dicho se desprende que es mala la improvisación? Muy al contrario. Es todo un arte. Pero sólo es aceptable cuando se utiliza en situaciones de apuro extremo, en momentos de cierta emergencia en los que no queda más remedio que repentizar. Es verdad que en televisión, por ejemplo, se valora mucho a aquellos presentadores que salen del paso cuando se rompe el *auto cue*, que es la pantalla que se instala en la cámara y en la que se va leyendo lo que se dice. Pero si el presentador no controla medianamente el tema en cuestión hará el ridículo por mucho que pueda hablar y hablar sin parar.

Conozco a pocas personas capaces de dirigirse a un auditorio durante una hora entera con un discurso perfectamente estructurado y con un vocabulario amplísimo sin haberse escrito antes una línea. Una de ellas es Iñaki Gabilondo, que lo consigue no sólo porque disponga de un don especial, que lo tiene, sino porque ese don se asienta sobre el convencimiento. El mismo Iñaki me decía que a partir de cierta edad consiguió despreocuparse por los «atajos» para agradar a los demás y decidió dar importancia, sobre todo, a su propia convicción. Llevado a la práctica, esto significa que antes de hablar se pregunta qué es lo que verdaderamente piensa sobre el tema en cuestión. A partir de ahí, y con el empeño de la sinceridad, se lo cuenta a su auditorio según un orden y una estructura fijadas previamente sólo en su cabeza. Jamás anota nada en un papel porque confía más en su capacidad de hablar que de escribir. Además, cuando habla puede subrayar cierta idea, volver atrás, afinar, precisar... Matiza su pensamiento no sólo en función de lo que se va escuchando a sí mismo sino también de lo que percibe en el público. Dice que cuando escribe le falta el eco de los demás y que ese eco es fundamental. Por eso no se prepara frases concretas ni tampoco se obsesiona con la «arquitectura» de su discurso. Como mucho, procura tener más o menos claro el final, a sabiendas de que incluso a un músico tan genial como Beethoven le costaba dar por cerradas sus composiciones.

¿Existen otros secretos además de la convicción? Gabilondo también relaciona su facilidad para hablar en público (admirable en mi opinión) con su afición a la lectura –que no le ha abandonado desde los 17 años– y con la escuela que suponen las seis horas que vive cada día delante del micrófono. Seis horas que le proporcionan cada vez más seguridad y más amarres. Seis horas de «Hoy por hoy», en la Cadena SER, por el que desfilan multitud de contertulios a los que Iñaki pide, por encima de todo, honradez para saber decir «no lo sé». Es fundamental, según él, que ellos mismos marquen la diferencia entre lo que saben y lo que creen y que, al mismo tiempo, no se les presione con el objetivo de conseguir opiniones más o menos disparatadas con las que subir la audiencia.

No es lo habitual. Famosos y «expertos» –periodistas muchas veces– somos invitados a disertar sobre los temas más dispares. Si respondes que no sabes nada del asunto te dirán que da igual, que lo que importa es tu gancho. Si aceptas, terminarás convirtiéndote en un «polemizador» que a fuerza de hacerlo una y otra vez logra hablar con cierta soltura, aunque sin contenido y convirtiendo peligrosamente la tertulia en un escenario de supuestas verdades editoriales. Serás igual que aquellos a los que alguien llamó «pobre gente con mucha locuacidad»: un conferenciante «multiusos» que no se pone nervioso pero no dice nada interesante porque no opina desde el conocimiento y confunde información con opinión. No es el ejemplo que usted debe seguir. Estudie, lea, documéntese. Domine el tema y así conseguirá que su comunicación sea realmente eficaz. Ya sé que está harto de ver justo lo contrario en la radio y en la televisión. ¿Qué piensa de ellos? ¿Le merecen algún respeto? Pues respétese a usted mismo.

Por no referirme sólo al periodismo, recordaré el empeño que ponen los jefes de ventas en adiestrar a los vendedores no sólo en las artes de seducción sino en la necesidad de que conozcan el producto al dedillo. En el caso de un alimento, por ejemplo, saben de sobra que los clientes jamás les preguntarán por la cantidad exacta de agua, proteínas o grasa, ni por el coste de su fabricación, pero si lo conocen todo, si se familiarizan perfectamente con el producto, esos vendedores serán casi invencibles. No habrá comprador que se les resista siempre que, manteniendo la máxima cartesiana expuesta al inicio del capítulo, su expresión sea clara (precisa) y ordenada (distinta). Lo vemos:

Expresión clara. Nuestras palabras deben ser precisas y próximas al interlocutor. ¿Se imagina dar una charla sobre pensiones en el hogar del jubilado de un pueblo de Castilla-La Mancha y referirse todo el tiempo al PIB, al diferencial de inflación y al Euromibor? Tampoco se trata, como defendían algunos de mis profesores en la facultad de Ciencias de la Información, de hablar a un grupo de albañiles y arquitectos como si todos fueran albañiles para asegurarnos de que nadie se queda sin entendernos. Se trata de hablar a cada uno según su capacidad o su formación. Y además, como regla general, no debemos abusar de los extranjerismos, del vocabulario de moda ni de los tecnicismos. Por el contrario, suelen funcionar muy bien los ejemplos (apaleado como un perro) y a veces los refranes. Hay quien los defiende a capa y espada con el argumento de que representan la sabiduría popular pero no dejan de ser las citas «cultas» de los menos preparados. Hay mucha diferencia entre decir «más sabe el diablo por viejo que por diablo» que decir, a propósito del paso del tiempo y citando a Leonardo Da Vinci, que «la sabiduría es hija de la experiencia».

Es casi imprescindible dominar los sinónimos para no dar impresión de pobreza verbal y es aconsejable rechazar los eufemismos, ya que anulan la claridad buscada desde el momento en que reflejan cierta doblez en el lenguaje. Así, diremos «despido libre» mejor que «mercado laboral flexible» aunque, en última instancia, dependerá mucho del auditorio. No es aconsejable utilizar el término «dictadura» con un grupo de nostálgicos del franquismo pero tampoco lo es sustituirlo por la expresión «aquel régimen en el que la falta de libertades se intentaba compensar con un paternalismo exasperante e injusto que trataba de engañar a los pobres en beneficio de unos cuentos ricos adeptos al Caudillo». Olvídese de los rodeos.

Hace unos meses, tras anunciarse el controvertido pacto BBVA poco antes de las elecciones del 12 M, el ex presidente González decía que en el fondo estábamos confundiendo el instrumento –Internet y la revolución tecnológica– con el cambio cultural «en el sentido profundo que comporta esta nueva era, que amenaza con dejar obsoletas actividades propias de la era industrial para sustituirlas, a través de nuevos instrumentos, por otras diferentes, o concebidas de otra manera, que añadan valor a los ciudadanos del mundo globalizado». ¿Usted ha entendido algo? Como dijo el conservador alemán Franz Josef Straus, hay que pensar de forma compleja pero hablar de forma sencilla y no al revés.

Expresión distinta. Tenemos que diseñar una estructura adecuada; ordenar nuestros pensamientos de forma que cada parte del discurso se diferencie claramente de las demás pero exista una lógica entre ellas.

Este sistema tiene una doble ventaja. La primera, que será más sencillo para nosotros mismos la elaboración previa del discurso y su posterior exposición. La segunda, que iremos «conduciendo» al auditorio para que comprenda mejor y comparta nuestros razonamientos y la conclusión final.

Memorice las dos siguientes series de números en treinta segundos como máximo:

A. 18–12–3–15–9–21–6–24

B. 3–6–9–12–15–18–21–24

La serie A es mucho más difícil de memorizar que la B a pesar de que ambas contienen los mismo números. ¿Por qué? Resulta evidente: la primera no tiene estructura lógica alguna. Igual sucede con los discursos. Cuanto más ordenados y lógicos sean más fácil lo tendremos nosotros mismos y el auditorio.

Volviendo al ejemplo ya utilizado, el del informador del futuro, me preguntaré primero si tiene sentido hablar del informador del siglo XXI; me responderé que sí basándome en los cambios tecnológicos que se han producido en los últimos años; hablaré del peligro de esos cambios y, por último, ofreceré un mensaje de esperanza: el futuro no es tan terrible como podría parecer si los informadores somos capaces de autorregularnos y unirnos para resistir las presiones.

Recuerde además que resulta muy útil resumir de vez en cuando. Haga balance de los puntos más importantes que ya se han abordado o advierta de lo que viene a continuación. Por lo demás, la estructuración está claramente relacionada con la coherencia: no caiga en contradicciones y no se desdiga de afirmaciones anteriores. Mantenga un mismo criterio a lo largo de su exposición

Nada de imitaciones

Igual que nos planteamos con anterioridad que el dominio del tema en cuestión no garantizaba el convencimiento del auditorio, nos tenemos que preguntar ahora si dominio, claridad y distinción son suficientes. De nuevo, la respuesta es negativa. A estas tres características del discurso hay que sumar una fundamental: el estilo propio. Cualquier cosa menos la imitación.

Cada uno de nosotros habla en público no sólo para que los demás le conozcan sino para conocerse a sí mismo. Es una necesidad personal expresada muy claramente por el poeta José Hierro cuando dice que se escribe poesía para entenderse a uno mismo y luego, a veces, la compartes para que también te entiendan los demás. Aceptando este planteamiento, no debe resultarnos difícil elaborar un discurso con una apariencia externa propia.

¿Se han fijado que casi todos los miembros de un partido hablan como su líder? Quizá sea esto lo que se busca para dar sensación de unidad pero lo cierto es que los imitadores no reflejan personalidad alguna. Como tampoco la reflejan aquellos que abusan de las muletillas y las palabras de relleno («o sea», «bueno», «no sé», «así pues») ni los que recurren constantemente a los lugares comunes. El vidente Rappel repite «parece ser» hasta la saciedad cuando predice el futuro. Quien carece de originalidad en su expresión es muy poco original en su pensamiento. Hay que crear, buscar nuevas formas y distintos modos de decir las cosas. Hasta los argumentos más manidos llegan a calar si se presentan de una forma diferente. ¿Qué hacen los poetas o los cantantes salvo expresar las experiencias o los sentimientos de siempre de una forma original? ¿Qué hacía el que fuera alcalde de Madrid Enrique Tierno con sus bandos? Decía el académico Lázaro Carreter que con sus textos didáctico-lúdicos Tierno sustituía el género discursivo y retórico de los regidores convencionales por la parodia propia de los escritores de humor.

> Madrileños: Acércanse para todos, y quizá de modo especial para los madrileños, por su particular propensión a la regocijada holganza, días de común callejeo en los que los vecinos de esta Villa, festejando la Pascua de Navidad, gritan, liban del vino y otros espirituosos licores, disputan, cantan, se hostigan y acarician entre sí, con el hermoso ánimo que la tradición promueve y autoriza en esta Coronada Corte, asociando la piedad al regocijo, pues entre las burlas, bromas y a veces chacotas, ni olvidan, ni deben olvidar, sus religiosos deberes.
>
> Pero ocurre que, en los tiempos que corren, suele añadirse al universal contento, que por desgracia es a las veces desmesurado regodeo, el afán desenfrenado de concurrir a

los mismos sitios durante las mismas horas, sin meditar bastante el hecho ciertísimo, acreditado por moralistas y filósofos y recordado cautamente, de modo indirecto, por Aristóteles en los libros de la Física, que ni las calles estiran, ni los edificios encogen, por cuya razón suelen ser los vecinos como avecillas presas en las redes que los unos forman apretándose con los otros.

En el prólogo de uno de los volúmenes que recoge este y otros bandos, Lázaro Carreter insiste en que «en el oficio de escribir no se entiende por nuevo la creación *ex nihilo* sino que corre como doctrina común que lo nuevo es sólo lo viejo reelaborado, traído a combinaciones, circunstancias y fines que sí son nuevos».

Por citar algo más actual, al margen de que se compartan o no sus ideas, resulta evidente que la presidenta de Nueva Izquierda, Cristina Almeida, habla de forma diferente a casi todos los políticos; el presentador Lorenzo Milá no se parece en nada a los demás presentadores de informativos y las expresiones de Jesús Gil son radicalmente distintas a las de otros presidentes de equipos de fútbol. Cada uno de ellos utiliza un lenguaje propio y esa ha sido una de sus bazas a la hora de llegar al público.

¿Esto significa que Almeida, Milá o Gil convencen necesariamente a sus auditorios? Por supuesto que no. En primer lugar porque no es lo mismo hablar durante un minuto que durante una hora, ni hablar por televisión es igual que hacerlo en el Congreso de los Diputados o en el vestuario del Atlético de Madrid. En segundo lugar, por la importancia –ya señalada– de la expresión, la estructuración y la coherencia. El público tiene que reconocerte en tu discurso. Tiene que formarse una imagen de ti en función de lo que digas, de cómo lo digas, de las dudas que te planteas, de cómo las resuelves... Generalmente no admitirá ambigüedades. Necesitará situarte en un lado o en otro; con los buenos o con los malos; de su parte o de la contraria, igual que sucede con los medios de comunicación: critican duramente o con tibieza la subida de las gasolinas, destacan lo bien que marcha la economía o dudan de los datos publicados, defienden o demonizan al PNV, arremeten contra la ministra Celia Villalobos o ensalzan su valor, aplauden o desacreditan a Juan Villalonga...

Es fundamental por lo tanto que aquellos que te escuchan te reconozcan en tu discurso y que se reconozcan ellos pero también lo es, y mucho, que se reconozca uno mismo. ¿Reconocerse uno mismo? ¿Que te reconozcan los demás? Para que se entienda mejor recordaré el caso de Antonia San Juan, tan criticada por su presentación de la última gala de los premios Goya. ¿Falló la actriz? La verdad es que fallamos todos: Antonia San Juan porque no actuó como debía, la guionista Isabel Coixet porque escribió un texto al margen de la intérprete y los espectadores porque esperábamos ver sobre el escenario al transexual de la película de Almodóvar sin darnos cuenta que ese transexual –Agrado– era sólo un personaje que no tiene continuidad en la vida real. En definitiva, y por seguir con la terminología anterior, que ni Antonia San Juan se reconocía en su discurso ni la reconocía tampoco el público.

¿Cómo se expresa en román paladino todo este galimatías del reconocimiento? Diciendo –y es lo que hizo casi todo el mundo– que Antonia San Juan no estuvo natural. Nadie comentó nada sobre su vocabulario, su dicción, su voz ronca, su acento canario, o su construcción de las frases. Así que olvídese de esa manía que los «estudiosos» profesan a la voz pasiva: ¿por qué no voy a poder decir «se me ha encomendado»? Olvídese igualmente de esa obsesión general por las voces bonitas y la buena pronunciación: ¿cómo es la voz del periodista José María García? Estamos hartos de escuchar el maravilloso orador en el que se convirtió Demóstenes después de haber corregido su ceceo, su voz quebrada y sus defectos de pronunciación imitando a los actores de teatro, hablando por encima del ruido de las olas o metiéndose un canto rodado en la boca. Nos han recordado una y otra vez que incluso luchó contra sus defectos corporales colgando una lanza cuya punta le rozaba los hombros si se movía o se encogía demasiado.

Triángulos peligrosos

Por supuesto que es importante la compostura y la nitidez de la voz como veremos más adelante, pero lo es mucho más que el emisor se exprese de una forma natural. La siguiente pregunta es: ¿conviene ser siempre natural? La respuesta, seamos sinceros, es que no. Volviendo al tema ya mencionado –el informador del futuro– mis «conclusiones» serán diferentes si hablo ante varios amigos que confían ciegamente en mí, ante un grupo de estudiantes a punto de licenciarse o ante seis o siete directivos dispuestos a ofrecerme un contrato millonario.

El auditorio marcará decisivamente mi discurso y lo hará con mayor o menor fuerza según la fuerza moral que yo ejerza sobre él, la que él ejerza sobre mí o el peso específico del discurso en sí, superior a veces a las otras dos variantes. Dicho de otra manera, en cualquier proceso de comunicación se forma un triángulo DISCURSO-AUDITORIO-EXPERIENCIA cuyos vértices influyen más o menos según quiénes seamos nosotros, el momento de la elocución y el público al que nos estemos dirigiendo. Se entenderá mejor con algunos ejemplos:

- Me dirijo a un grupo de estudiantes. Mi experiencia influye sobre el auditorio, y ambos, experiencia y auditorio, sobre mi discurso, que no tendrá que ser especialmente cuidado. Ellos tenderán a creerme sea cual sea mi discurso.
- Intento convencer de una idea al consejo de administración de mi empresa. En mi discurso estará muy presente el auditorio y el auditorio tendrá en cuenta a su vez mi experiencia como profesional. Auditorio y experiencia influirán decisivamente en mi discurso.
- Leo mi discurso de ingreso en la RAE. Los demás académicos no estarán en absoluto impresionados por mi experiencia ni yo por la suya. Importa por encima de todo el discurso. Pero no por el contenido, que tampoco les sorprenderá. Lo fundamental es el rito, la presencia del discurso y su forma. El académico Manuel Seco me reconocía que sus compañeros casi se ven obligados a elaborar discursos ininteligibles. Importa la «densidad». De ahí que en ocasiones como estas nadie se atreva a improvisar. Lo escrito se lee al pie de la letra porque nadie admitiría un error.

¿Alguna vez se han puesto a pensar en la importancia de los discursos navideños del Rey Juan Carlos?

> Al iniciar estas palabras que, como ya es tradición, os dirijo en esta noche de Navidad, quisiera transmitiros en mi nombre y en el de toda mi familia un saludo muy afectuoso (...) Un año más se acerca a su fin. Para muchos ha-

brá sido un año propicio y positivo. Otros, seguramente, habrán pasado a lo largo de estos meses por circunstancias y situaciones difíciles o dolorosas. Cada ser humano tiene su mundo propio de alegrías que debemos celebrar y agradecer, y de tristezas que debemos respetar y ayudar a superar...

¿Importan los contenidos? ¿Alguien se sorprenderá amarga o gratamente por las palabras de Su Majestad? ¿Estará él obsesionado por dar grandes titulares a la prensa? En las tres preguntas la respuesta es la misma: no. Claro que don Juan Carlos no se limita a desear Felices Fiestas. En este discurso, de la Navidad de 1999, le recordaba a ETA que «la Constitución es nuestro marco de referencia», al gobierno que «hay que perseverar en la creación de empleo» y a la sociedad en general que «debemos prestar a nuestros mayores el respeto, el afecto y la asistencia que merecen», pero lo fundamental, salvo excepciones, es que don Juan Carlos aparezca en todas las televisiones a las 21.00 horas del día 24 de diciembre. Se valora el hecho en sí, la normalidad que ello supone; la tranquilidad que implica que hable el Rey.

Recapitulemos:

- Recabe toda la información que pueda. No se confíe pensando que domina completamente el tema en cuestión. Y además, recurra a las citas o las anécdotas echando mano de la historia o la filosofía. Decía Cicerón que sin la filosofía no se explica ni la religión, ni la muerte, ni el amor, ni el placer... Tampoco, digo yo, los discursos.
- Acumulado todo el material, reflexione sobre las ideas que quiere lanzar y la conclusión a la que quiere llegar. Estructure su discurso.

- Cuide su vocabulario, sus expresiones, su dicción y el tono de su voz.
- No pierda su naturalidad. Cuando nos presentamos delante de un grupo sentimos con más fuerza los límites de nuestra propia personalidad, somos más nosotros mismos. Si cambiamos demasiado el resultado será terrible.
- Tenga muy presente qué desea del auditorio. No estaría de más que lanzara alguna alabanza, algún cumplido. Es de sobra conocido que el grado de satisfacción entre los trabajadores de una empresa está más relacionado con el grado de reconocimiento que con el sueldo o las posibilidades de promoción.
- Diríjase a los oyentes con entusiasmo. Nunca podrá convencer a los demás si éstos no le ven a usted convencido.
- Reconózcase en su propio discurso. Si no lo consigue, mucho menos podrán hacerlo los demás.

Si sigue más o menos al pie de la letra estas recomendaciones, el éxito estará asegurado. Habrá persuadido. Habrá convencido a su auditorio. ¿Cómo lo notará? Con el aplauso. Esa será la prueba de su victoria salvo que sea usted inmensamente rico o poderoso. El crítico Justin Cartwrigth recordaba que la mayoría de patanes de todos los órdenes de la actividad humana disponen de un público en razón de sus billetes. O lo que es igual, que si uno es rico logrará que todos le escuchen con cara de admiración, le aplaudan efusivamente y le feliciten a rabiar. ¿Cómo lograr el aplauso si no se es rico? Prepárese el discurso. Decía Napoleón que toda batalla se gana antes de empezar.

III

DE PRINCIPIOS Y FINES

El discurso es el rostro del alma.

SÉNECA

Durante muchos años, y hasta bien avanzado el siglo XX, los estudiosos defendían –y hay quien todavía lo comparte– que sólo existen dos tipos de oratoria: la que presume el convencimiento unánime y sólo pretende confirmarlo y la que intenta modificar el ánimo del auditorio. O lo que es igual, oratoria para convencidos o triunfante y oratoria para convencer o militante, según la clasificación utilizada por Antonio Maura en su discurso de Ingreso en la Real Academia Española.

Aceptada por coherente o rechazada por simplista y anticuada la clasificación de Maura, resulta evidente que en muchas ocasiones sí tendremos que dirigirnos a un auditorio ya convencido. Será entonces más fácil nuestra intervención porque casi todos los argumentos serán válidos y porque tendremos menos miedo al rechazo o a la equivocación. Pero hablar a los convencidos no significa dejarlos como estaban sino fijar unas ideas, levantar los ánimos, incitar a la acción; así que, aún en este caso, hemos de elaborar muy bien nuestro discurso. Cualquier orador tendrá la mitad del terreno ganado si cuenta con experiencia o si está preparado intelectualmente pero jamás podrá salir airoso si no elabora un plan, si no se prepara un guión y ordena mentalmente o por escrito sus ideas.

Llegados a este capítulo quizá sea el momento de reconocer uno de mis grandes fracasos públicos. Fue en Granada. En mi descargo diré que se me invitó de forma precipitada para sustituir a alguien que había fallado en el último momento, pero he de reconocer que apenas preparé mi intervención convencido de que no sería necesario porque, al fin y al cabo, «sólo» debía hablar de aquello que ya conocía. Pero no estructuré mi discurso y, sobre todo, y ese fue mi gran error, no pensé en el comienzo, de forma que a los treinta segundos, después de explicar lo contento que me encontraba de estar allí y saludar a los presentes –otro gran error, un inicio de lo más convencional– no sabía por dónde continuar. Rectifico. Sí había pensado en el comienzo.

Lo que sucedió es que antes de mí había hablado el periodista científico Manuel Toharia y lo había hecho de una forma tan magistral, con un discurso tan ágil y divertido y a la vez tan lleno de contenido, que me sentí en la obligación de modificar mi tono habitual, como si los allí presentes fueran a exigirme que me pareciese a él. El resultado fue bochornoso. Por fortuna, Toharia no fue testigo porque tenía prisa y se marchó antes, pero posteriormente he tenido la ocasión de hablar de esto con él. Me reconoció, quizá para consolarme, que no es fácil hablar el último porque puede suceder que no tengas ya nada que decir y, al mismo tiempo, me recomendó que, si me vuelve a ocurrir algo parecido, haga de la necesidad virtud y me dedique, por ejemplo, a rebatir las intervenciones de los demás.

El actual director del Museo Científico de Valencia habla no sólo con la experiencia de aquel que imparte unas cien conferencias al año, sino con la seguridad de quien, amén de dominar completamente la materia, se confiesa dueño de una prodigiosa memoria y se reconoce dotado de una facilidad tal que en su época de estudiante prefería los exámenes orales a los escritos, al contrario que la mayoría de sus compañeros. La misma facilidad que le llevó, con sólo trece años de edad, a representar a su colegio –el Liceo Francés– en una competición de oratoria en la que tuvo que resumir un libro de filosofía.

Con todo, Manuel Toharia no desprecia ni mucho menos el método para conseguir cierta fluidez a la hora de hablar en público y reconoce que cuida de forma especial el inicio de sus intervenciones. No le gusta recurrir al chiste o a la anécdota sino a lo que él llama «el golpe fuerte» y que no es otra cosa que un avance bastante llamativo de lo que vendrá a continuación. Toharia está convencido de la importancia de un buen comienzo, como en su día lo estuvieron los griegos, que mantenían la costumbre de preparar exordios de forma anticipada para ocasiones especiales. Los llamaban «proemios» en alusión a los preludios musicales previos al concierto y son famosos los 56 proemios para discursos en la Asamblea del Pueblo legados por Demóstenes.

Es cierto que son muchos los historiadores que dudan de la autenticidad de estos textos, como también lo es que esta práctica tuvo sus detractores. El retórico Quintiliano, por ejemplo, criticaba que se escribiesen estas introducciones igual que se hacía con las demás partes del discurso ya que eso, en su opinión, impedía el saber repentizar según el estado de ánimo en el que se encontrase el orador en el momento justo de la elocución.

Sin segunda oportunidad

Pero al margen de Cicerón, Quintiliano y los demás maestros de la oratoria, tenga siempre muy presente que jamás existe una segunda oportunidad de crear una primera impresión favorable. Hay quien defiende que se debe mencionar primero lo más importante porque la atención del público disminuye según avanza el tiempo, pero la verdad es que no sucede nada si lo sustancioso se guarda para el final. Aunque el comienzo sí debe ser brillante. O al menos lo suficiente como para enganchar al auditorio. Ya se dice en *La Celestina* que «la mitad está hecha cuando tienen buen principio las cosas». De ahí que tenga que admitir, a pesar de mi rechazo a la memorización de los textos, que sí puede dar resultado aprenderse el comienzo. Decían los clásicos que la memoria era el tesoro de la oratoria. Sin llegar a tanto, hay que reconocer que son muchas las ventajas de memorizar la intervención inicial:

- Podremos mirar cara a cara al auditorio, sin necesidad de bajar la cabeza. De esta forma seremos más convincentes.
- La tranquilidad que ofrece saber de sobra aquello que se va a decir permite controlar mucho más el ritmo, pausado, la pronunciación, esmerada, y el tono, elevado pero sin gritos.
- Utilizaremos las expresiones exactas sin ningún tipo de titubeo. Esto nos hará aparecer más seguros ante el público.
- La seguridad transmitida a los demás se nos contagiará a nosotros mismos. El hecho de comenzar bien nos dará ánimo para poder continuar sin problemas.
- Tendremos la cabeza suficientemente despejada como para preocuparnos de parecer simpáticos, de bromear con el

auditorio, de controlar ciertos movimientos...Y si caemos bien a los demás, tendremos casi todo ganado.

Decía el sabio Protágoras que el principio es la mitad de todo, con lo cual nos advertía no sólo de lo fundamental que resulta un buen comienzo sino de la importancia que tiene el resto de nuestro discurso. Lo sabe muy bien el ex candidato del PSOE a la presidencia del gobierno, José Borrell... cuya carrera ascendente dentro de su partido se vio truncada tras su lastimosa intervención en el debate sobre el Estado de la Nación del año 98, aunque en este caso, como explicaré más adelante, su «patinazo» estuvo menos relacionado con la ausencia de preparación y más con su exceso de confianza y el peso de la responsabilidad. Una y otra echaron por tierra un comienzo que todo el mundo calificó de «brillante».

Ya sé que un inicio demasiado preparado puede reflejar rigidez y poca espontaneidad pero, al mismo tiempo, se evitan patinazos... Aunque, como en oratoria casi todo es válido, el escritor Antonio Gala presume de empezar muchos de sus discursos agradeciendo a los presentes que hayan optado por asistir a su conferencia en vez de estar paseando por la calle. En la misma línea asegura que cualquier orador ha de mantenerse muy frío porque sólo así, desde la frialdad, será capaz de transmitir emoción ya que, si se deja arrastrar por ella, jamás podrá contagiarla.

Con todos los respetos hacia Antonio Gala, hay determinados arranques que, por mucho que a él le funcionen, nos pueden situar al borde del desastre; así que mejor llevar preparado el comienzo aun a riesgo de reflejar demasiada rigidez y poca espontaneidad. ¿Alguna recomendación más? Evite lo siguiente:

- Frases tópicas y expresiones manidas: «no se pueden imaginar el placer que siento de estar aquí ante un auditorio tan selecto». Todos los presentes pensarán que han oído algo parecido en mil ocasiones y tenderán a desconectar.
- Disculpas por anticipado: «espero no aburrirles con mi intervención, que será muy breve, entre otras cosas porque no soy un experto en la materia. Sabrán perdonarme mis errores». Dará impresión de inseguridad o de falsa modestia. Si no es un experto, ¿a qué viene?
- Agradecimientos interminables: «gracias al director general que ha tenido la amabilidad de pensar en mí para esta charla; a mi amigo Pedro, con quien compartí memorables experiencias hace ya años..., a mis compañeros que tanto han confiado en mí...». Salvo excepciones, y aunque sea muy frecuente, sonará muy formal y casi siempre próximo al «peloteo».
- Reiteración de lo ya escuchado en la sala: «lo primero que tengo que decir es que comparto todo lo que se ha dicho en esta mesa. Es difícil añadir algo nuevo a lo ya comentado por personas tan inteligentes». Todos los presentes pensarán: si no tiene nada mejor que decir, que se calle.

La suma de todos estos errores y muchos más aparece reflejada en un discurso que ya casi ha pasado a los manuales como uno de los más terribles de la historia española de este siglo. Es el discurso pronunciado por el republicano Alejandro Lerroux, político y periodista, en los funerales de un colega:

> Correligionarios: comprendan ustedes..., es decir, no se sorprendan ustedes de que yo, poco... poco... poco aguerrido, y también... Porque a los periodistas, por el há-

bito de escribir se nos atrofia la palabra, y aunque yo, en esta ocasión, queridos correligionarios, quisiera... quisiera responder... Pero, en fin... ¡Viva la República!

Hasta aquí lo que no debe hacerse. ¿Cómo sí debe empezar un discurso? Estas son algunas posibilidades.

- Con una o varias preguntas: «¿Saben ustedes que el sonido de una mosca que camina sobre un papel puede ser transmitido hasta el corazón de África y allí hacerlo bramar como si fuesen las cataratas del Niágara?». Así comenzó el escritor Robert Ballantine su alocución sobre las maravillas de la radio.
- Con una cita. «Asegura el sociólogo francés Pierre Bordieu que los presentadores de telediarios hablan con un conformismo moral absolutamente asombroso y que se han convertido en solapados directores espirituales que dicen lo que hay que pensar.»
- De una forma sorprendente. Como lo hizo el rey Alfonso XIII al abandonar España en 1931: «Las elecciones celebradas el domingo me revelan claramente que no tengo el amor de mi pueblo.(...) Soy el Rey de todos los españoles (...) pero resueltamente quiero apartarme de cuanto sea lanzar a un compatriota contra otro, en fratricida guerra civil (...)».
- Haciendo participar al público: «Les voy a proponer un trato que hará ricos en sólo una hora a la mitad de ustedes. A cambio, la otra mitad perderá todo lo que lleva encima en este momento. Quien no esté dispuesto a jugar que levante ahora mismo la mano».
- Mostrando un objeto: «Antes de empezar a hablar quiero enseñarles un artilugio que ha cambiado radicalmente nues-

tra vida en los dos últimos años y que lo hará aún más a partir de ahora: este ratón de ordenador».

- Con una fábula o historia: «Cuentan que el diablo andaba por el mundo cuando un buen día le sorprendió un temporal y no tuvo más remedio que refugiarse en una iglesia...».

Decía Winston Churchill, primer ministro británico, que un buen discurso consiste en un comienzo interesante y un final con chispa y que la distancia que media entre ambos debía mantenerse lo más corta posible. No lo han entendido muy bien aquellos que todavía hoy dicen que un discurso no debe sobrepasar las dos horas y que lo ideal es que dure justo la mitad: sesenta minutos. ¿De verdad son ustedes capaces de escuchar a alguien durante sesenta minutos sin moverse una y otra vez en sus asientos?

El secreto de las ideas

Ya sé que casi todas las teorías varían según la época y que lo que hoy se acepta se pondrá en duda mañana mismo sin el más mínimo pudor. Pero lo más extendido en nuestros tiempos es que resulta muy difícil que un auditorio nos preste atención durante más de veinte minutos. Lo saben muy bien los profesores de Enseñanza Primaria, incapaces de «sujetar» a unos niños durante más tiempo. Como los adultos solemos ser más disciplinados y aceptamos los convencionalismos será poco frecuente que comencemos a gritar y nos subamos encima de las sillas. Pero nos estaremos aburriendo mortalmente. Decía Miguel de Unamuno que a un auditorio no le caben más de tres o cuatro ideas por hora.

Aun así, como algo hay que decir entre el comienzo y el final, y esta parte suele ser la más extensa, será aquí donde debemos preocuparnos especialmente de las condiciones expuestas en el capítulo II: hablar de forma clara y distinta. Sólo si empleamos las expresiones oportunas y estructuramos con lógica nuestro discurso conseguiremos captar la atención del auditorio, y para ello, nada mejor que recurrir al guión como esquema básico de nuestra intervención, aunque existen varias posibilidades de utilización. Hay quien elabora nada más que un guión y cuando llega el momento lo desarrolla fácilmente y otros –los menos atrevidos– preparan párrafo a párrafo su intervención y a continuación la sintetizan en un guión que utilizarán como herramienta de trabajo. De esta forma evitan riesgos innecesarios –será difícil que se queden en blanco– pero optan por la amenidad del «contar» frente al aburrimiento del «leer». Tanto si utiliza la primera como la segunda fórmula, tenga en cuenta lo siguiente:

- No se empeñe en contar todo lo que sabe porque cansará al público. Decía Napoleón que un tonto es aburrido pero que un pedante es insoportable.
- Lo ya conocido debe exponerse antes que lo nuevo. Así pillará desprevenido al auditorio. Cuando todos se crean que su discurso es previsible les sorprenderá con ideas diferentes.
- No aparezca como si lo supiera todo. Admita que puede haber opiniones contrarias y preséntelas. Ofrezca argumentos que nieguen lo que usted dice. Expóngalos de uno en uno y refútelos de forma inmediata.
- Guárdese para el final el argumento más poderoso o la reflexión más dramática. Será difícil que la olviden.

En resumen, su discurso debería ser, de forma gráfica, similar a este:

Paso a paso conseguirá usted llegar al final. Pero a punto ya de conseguirlo, puede caer en la tentación de relajarse con el convencimiento de que todo está dicho y se puede despedir de cualquier forma. Cometerá un error garrafal. Un final mediocre destroza cualquier buen discurso. De la misma forma que un final espectacular puede llegar a salvar una pobre intervención. Por varias razones.

- El público tiende a olvidar el comienzo y a quedarse sobre todo con el final. Se nota mucho en la televisión. Lo que más se recuerda es el final de cada noticia. Y dentro del informativo, el espectador se acuerda especialmente de los últimos vídeos.
- Nos sirve como síntesis de lo dicho. Aunque alguien se haya perdido durante nuestra intervención, si al finalizar escucha una síntesis más o menos elaborada pero clara tendrá una doble sensación: nos explicamos muy bien y él lo ha entendido todo.

- Podemos elevar la moral de los que nos oyen: les incitamos a actuar de determinada manera; les animamos, les decimos que son fenomenales, que ellos pueden hacerlo, que llegarán lejos. Se creerán no sólo importantes sino poderosos.

Tenga muy presente, mientras ofrece sus propios argumentos y, sobre todo, el argumento final –el más impactante–, que es especialmente importante que no corra en ese momento. Hable con firmeza, con seguridad, casi retando al auditorio. No se le ocurra bajar los ojos. Mire al público y hágalo convencido. Y por supuesto, no diga una y otra vez que está a punto de finalizar cuando no es cierto. La mentira será tan evidente que usted y toda su intervención perderán credibilidad y puede que algo más.

Un relato de Mark Twain recoge la historia de un misionero que, con voz potente y palabras sencillas, denunciaba en la calle el sufrimiento de la población negra. Entre su auditorio, se encontraba otro hombre que al comienzo del relato pensó darle cincuenta centavos, conmovido ante las trágicas historias del misionero. Al poco tiempo, decidió darle un dólar, luego dos, luego cinco... Estuvo incluso a punto de llorar... Pero como el misionero no paraba de hablar, empezó a aburrirse, pensó que cinco dólares eran demasiados, volvió a los dos, y al final, cuando terminó el discurso, dejó diez centavos en el platillo.

Si no quiere que le ocurra igual, si pretende llevarse cinco dólares o más y no diez centavos o menos, no prolongue el final de su discurso. Y por supuesto, al finalizar, no utilice expresiones como «ya está» o «ahora sí he acabado». Muy mal lo estará haciendo si la cadencia o el contenido de su discurso o incluso su gesto o su movimiento de manos no informan de que el discurso ha llegado a su final.

Cuando haya sido así, cuando haya terminado, no eche a correr. Permanezca bien firme, parado, mirando a su auditorio, como los toreros examinan el tendido una vez que el toro se ha derrumbado tras una estocada ejemplar. Busque el aplauso. Una vez conseguido, márchese pero no baje la vista. Mire siempre al frente.

IV

DÓNDE ESTOY, QUÉ DIGO

Si quieres aburrirlos léeles. Si quieres desaparecer pon el audiovisual. Si quieres comunicarte háblales.

AFORISMO

Hombres y mujeres, economistas y filósofos, estudiantes y jubilados suelen coincidir –ésa es al menos mi experiencia– en que la gran revolución del siglo XX ha sido la protagonizada por las mujeres en la conquista de sus derechos. Es cierto que según los datos de la Confederación Mundial del Trabajo las mujeres aún reciben sólo el 10 por ciento de los ingresos mundiales pese a ser la mitad de la población, y que el 20 por ciento de ellas sufre violencia sexual o física, pero cada vez son más las que se incorporan al mercado laboral en condiciones de igualdad con el sexo masculino, renunciando a un papel tan caduco como injusto. Un gran salto, toda una revolución. Quizá la más importante, pero no la única. Apoyado en el progreso tecnológico, el mundo de la comunicación ha experimentado un avance similar.

El cine, la radio y sobre todo la televisión han modificado nuestra forma de ver y entender el mundo, el modo de relacionarnos con nuestros semejantes y expresar nuestros sentimientos, y han trastocado nuestra escala de valores en asuntos tan importantes como el de la comunicación. Debido a la aparición de estas nuevas formas de comunicación, el lenguaje escrito, el único hasta entonces con validez y autoridad, está dejando de ser el dominante. Incluso aquellos que critican, no sin cierta razón, el mal uso que los medios audiovisuales hacen de la lengua, vienen a reconocer que por fin, en la segunda mitad del siglo XX, se ha subsanado cierta injusticia histórica.

De las miles de lenguas habladas en el curso de la historia sólo unas cien han sido plasmadas por escrito en grado suficiente como para generar «literatura». No hay forma de calcular cuántas lenguas han desaparecido o se han transmutado en otras antes de haber progresado en su escritura. Es decir que, si se analiza con perspectiva histórica, la condición oral del lenguaje ha sido más decisiva que la escrita en las diferentes culturas. Lo «oral» ha sido clave como instrumento de comunicación en muchas civilizaciones sin necesidad de plasmarse en una grafía. Lo que ocurre es que esto sucedió hace demasiado tiempo, cuando el hombre hablaba a sus dioses, que a su vez eran dioses parlantes. Después todo cambió. El verbo se hizo escritura y la escritura se convirtió en Ley. Por eso todas las religiones poseen libros sagrados.

Muchos años después llegó la imprenta. A partir de entonces el poder de la palabra escrita creció aún más hasta imponer una especie de dictadura de la que sabemos bastante los periodistas que nos hemos especializado en medios audiovisuales, relegados durante mucho tiempo a «informadores de segunda» por aquellos compañeros que sólo consideran realmente serias las informaciones a cuatro columnas con título, subtítulo y ladillos.

Hay que agradecerle a Fernando Fernán Gómez que hace unos meses tomara posesión de su sillón B de la RAE con un discurso sobre «La aventura de la palabra en el siglo XX». Y sobre todo, que destacara en su intervención cómo con la televisión ha entrado en casa la palabra escrita para ser escuchada después. Claro que al día siguiente de su toma de posesión, hubo quien calificó de «poco ortodoxa» su intervención. Seguramente porque Fernán Gómez, al contrario de lo que hace la mayoría de los académicos, escribió su texto no para que fuese leído, sino para que fuese escuchado, algo muy poco frecuente en los oradores, incapaces casi todos de olvidar los academicismos y construir discursos para ser «dichos» ante un auditorio.

A punto de estrenar en La Abadía su última obra *Baraja del Rey don Pedro*, el actor y director teatral José Luis Gómez me reconocía que le resulta especialmente aburrida la lectura de los textos de Shakespeare. Tan sobrecogedores sobre un escenario, resultan casi ridículos cuando se leen:

> ¿Qué es esto? ¡Un frasco en la mano del que yo amaba tanto, de mi fiel amigo! ¡Ah! Lo comprendo: el veneno ha acabado con su vida. ¡Todo se lo ha bebido el avaro! ¡No me ha dejado ni una gota para ir a reunirme con él! ¡Déjame besar tus labios a ver si encuentro entre ellos un poco de este veneno!

El monólogo de Julieta sobre el cuerpo dormido de Romeo es la clara demostración de que un texto no se escribe igual para ser leído que para su declamación sobre un escenario. O lo que es igual, que cada «género» tiene una estructura propia, una manera de construir las frases, un vocabulario diferenciado y más o menos guiños al lector o espectador. Se entienden muy bien las diferencias si se comparan dos informaciones –una de prensa escrita y otra de televisión– sobre una misma noticia.

Al día siguiente de la presentación del genoma humano, el diario *El País* publicaba:

> El 26 de junio de 2000 es ya una fecha para la historia de la humanidad. Tras 10 años de intensa investigación, el genoma humano, considerado el auténtico libro de la vida, se dio ayer por descifrado en sus partes esenciales. El revolucionario logro, que abre una nueva era en la lucha contra las enfermedades, fue anunciado consecutivamente en China, Japón, Francia, Alemania, el Reino Unido y Estados Unidos. Para conseguir este hito, que corona un siglo de investigación biológica, el proyecto público internacional y el privado de la empresa estadounidense PE Celera Genomics abandonaron la pugna que mantenían y decidieron anunciarlo conjuntamente en la Casa Blanca, en una ceremonia presidida por el presidente Bill Clinton.

Sobre el mismo acontecimiento, en el informativo de las 20.30 de Telecinco, presentado por Juan Ramón Lucas, se podía oír lo siguiente:

> Los científicos lo han conseguido. Han logrado ordenar la casi totalidad del material genético de que estamos hechos los seres humanos. Es como si tuvieran 200 libros de 500 páginas cada uno, llenos de letras. Y no tienen más, no saben qué quieren decir, cuál es su significado. La misión ahora es encontrar sentido a toda esta información.
>
> Hoy ha sido presentado con toda solemnidad el borrador del genoma humano, pero no será hasta octubre cuan-

do la comunidad científica pueda empezar a interpretar sus mensajes. Mensajes que explicarán por qué se transmiten algunas enfermedades de padres a hijos, cómo curar otras de origen genético como el Parkinson, el Alzheimer o el cáncer.

Claro que también en televisión nos encontramos muchos ejemplos de textos más propios de la prensa escrita que de un medio audiovisual. Los responsables de textos como éstos no tienen en cuenta lo importante que es hablar de forma natural. Olvidan que se persuade mucho más si se huye de lenguajes artificiales. No quiero decir con esto que hay que hablar al espectador o a un auditorio como si estuviésemos en la calle. Significa que hay que hablarle para que nos entienda, teniendo muy presente que, al contrario de lo que le sucede al lector, el oyente no tiene posibilidad de releer una página, no puede volver atrás. Razón de más para que a la hora de elaborar su intervención recuerde algo que ya se ha dicho en el capítulo anterior: que la expresión ha de ser clara y ordenada.

En ese mismo capítulo insistía en la importancia de conocer al auditorio para saber si soy yo quien ejerce una fuerza moral sobre él o al contrario. Pero al margen de quién «domine» a quién, tendré que escoger el lugar desde el que quiero dirigirme al público. Y no me refiero al lugar físico.

- ***Desde la autoridad indiscutible.*** Controlo el tema en cuestión, apabullo con datos, citas y fechas y apenas estoy dispuesto a admitir sugerencias. En este caso resulta casi imprescindible la utilización abusiva de la primera persona. Soy el más listo de los presentes, trabajo en un medio de comunicación, lo sé todo sobre el manejo de la información, nadie consigue engañarme y tengo muy claro quién manda no sólo en mi empresa sino también en las demás. El futuro no me causa inquietud alguna.

- ***Desde la rivalidad.*** Es posible que yo sea el más listo pero admito que los que me escuchan también están preparados. Sea de una u otra forma dejo muy claro desde el comienzo que ellos y yo pensamos cosas diferentes. Es una actitud provocadora. Mi empresa es la más honrada, las demás están manejadas por el gobierno, nos cuesta caro resistir a las presiones pero venceremos. Logro que se remuevan en sus asientos e incluso puedo conseguir que pierdan los nervios. Utilizo la ironía. Mis enemigos son poco profesionales.
- ***Desde la supuesta imparcialidad.*** Me limito a exponer unos hechos. Así son las cosas y es posible que cambien en un futuro. Empleo un tono didáctico que en ningún momento pretende ni epatar ni molestar, sino enseñar. Intento que el auditorio aprenda pero no busco que me dé la razón. Como los maestros. Mi empresa es una más y persigue su beneficio económico y el de la sociedad como ocurre en otros sectores. Sufrimos las mismas presiones que el resto, la objetividad no existe y los políticos, sean del signo que sean, intentan siempre manejar los medios. Procuro caer simpático contando anécdotas divertidas para que se les pase el rato. El trabajo del periodista es agotador.
- ***Desde la inseguridad.*** Mezclo mis dudas con una aparente sinceridad. No sé demasiado sobre mi empresa y mi trabajo sólo me permite una visión muy parcial de la realidad. Escribo mis noticias pero es posible que me manipulen porque al fin y al cabo son los norteamericanos los que controlan las fuentes de información. Me esfuerzo en parecer honesto. La sociedad entera está manipulada. No me

atrevo a recomendar una cadena de televisión. Lo mejor es seguir más de una para poder comparar.

Primeras intenciones

Además de situarme –de encontrar mi propio punto de vista– y de tener muy presente el colectivo al que me dirijo, tendré que tener muy en cuenta lo que pretendo: convencer, asustar, alagar, emocionar, buscar apoyos... Según mi intención sea una u otra optaré por un tipo de discurso determinado. Ya hablamos anteriormente de cómo Maura distinguía entre oratoria para convencidos y oratoria para convencer. Recordado esto y teniendo en cuenta que los modelos puros no existen, me atrevo a sugerirles una clasificación de los discursos tan válida, a mi entender, como cualquier otra:

Discurso informativo. Es el más habitual. Alguien trata de transmitir sus conocimientos, sus intenciones o sus explicaciones a los demás. Y no he dicho –fíjese bien– sus opiniones. Lo más importante es que observe en todo momento si el público está siguiendo sus razonamientos, si no se pierden con las explicaciones. Como no hay opinión, como esta intervención será lo más parecido a una clase de su época estudiantil, procure ser ameno y, sobre todo, no se extienda. Recuerde lo mucho que se aburrió usted con algunos profesores y lo duro que le resultaba mantener la concentración.

> De nuevo tenemos la satisfacción de reunirnos con todos ustedes para informarles directa y personalmente de la ampliación de capital que vamos a llevar a cabo (...) Se tra-

ta de una ampliación de capital que no sólo es muy importante cuantitativamente (más de 600.000 millones de pesetas), sino que, sobre todo, constituye una nueva iniciativa y un paso más, bien meditado y calculado, dentro de nuestra estrategia global.

(Palabras de José María Amusátegui, presidente del BSCH, en la presentación de ampliación de capital del nuevo banco.)

Discurso de convencimiento. Al contrario que en el informativo, tiene que arrastrar al auditorio a su terreno y para ello casi todas las armas son legítimas. Busque ejemplos, recurra a los sentimientos, acérquese a ellos con los temas que a buen seguro les preocupan y les interesan. No tenga miedo de resultar demasiado tierno. Hay que hablar con el corazón y, para ello, será imprescindible que usted sea el primer convencido. ¿Cómo va a despertar pasión si no es capaz de emocionarse? ¿Cómo les va a convencer si no está convencido? Tras conocer la sentencia que le condenaba a diez años y dos meses de cárcel por estafa y apropiación indebida, el ex presidente de Banesto, Mario Conde, buscó con todas sus fuerzas esa emoción aunque prefirió hacerlo por escrito:

Son las cinco de la tarde de un 31 de marzo de 2000. Trato de contener la emoción y sujetar los sentimientos que se agolpan inconexos, atolondrados, como niños en el patio del recreo, en un alma dañada que pelea por su equilibrio. (...) Es complicado evitar que mis manos tiemblen sobre el teclado del ordenador, que los ojos reúnan tal cantidad de líquido que amenace caer incontroladamente. (...) No deseo a nadie, a nadie, ni siquiera a un juez, que sufra los indecibles momentos de espera de una sentencia de la que depende tu vida, tu hacienda, tu equilibrio emocional. (...) ¿Qué hay de Galleti y Gallone? ¿De la trama suiza? No quiero seguir escribiendo porque la sangre de mi tierra gallega se me enciende. Que Dios les dé su trato debido (...).

Discurso festivo. Ni hay que informar ni convencer sino entretener, dar un toque simpático en un momento determinado: agradecer la invitación al anfitrión, felicitar a los novios que han anunciado su boda, dar la bienvenida a un compañero recién llegado, una inauguración, una entrega de premios, la presentación de un libro. En este caso, además de la simpatía y la naturalidad, lo más importante es la brevedad. Sería impensable algo parecido al famoso panegírico de Plinio al emperador Trajano, considerado por muchos críticos como el más perfecto de la literatura europea.

Pero en lugar de recoger aquí tan famosa intervención, resulta más que aceptable la forma, más actual, en la que Manuel Vázquez Montalbán dio el pistoletazo de salida de unas fiestas del 2 de mayo de la Comunidad de Madrid. Su pregón finalizaba de la siguiente manera:

> Se cuenta de un filósofo y humorista catalán, Francesc Pujols, tan humorista que no dejó nada escrito, que, ante la derrota republicana y el inicio del exilio afirmó: «Llegará un día en el que los catalanes, por el simple hecho de serlo, lo tendremos todo pagado en todas partes». No se ha conseguido. A pesar de las muchas transferencias obtenidas por el presidente Pujol, no se ha conseguido que nuestra ciudadanía ni nuestra existencia nos salga gratis. Tampoco creo que vayamos a conseguirlo a partir del nuevo aval de

Pujol a Aznar. Y es que las edades de oro no han existido nunca, como tampoco hay pueblos escogidos por ninguna providencia divina o satánica. Este 2 de mayo plantea el desafío de que Madrid asuma la diferencia vasca, gallega y catalana y se plantee incluso la hipótesis de que algún día los madrileños no sólo entendáis sino que habléis, aunque sea en la intimidad, estas lenguas. Entonces yo os prometo que haré todo lo posible para que, al menos en Cataluña, lo tengáis todo pagado. Muchas gracias.

Discurso improvisado. Es, como ya se ha dicho anteriormente, el «antidiscurso». Si tenemos no ya la seguridad, sino la más mínima posibilidad de que nos vayan a ceder la palabra, deberemos tener mentalmente preparada nuestra intervención. Después quizá tendremos que decir que no lo esperábamos y que no sabemos qué contar pero el público, lejos de pensar que somos hipócritas, nos creerá a pies juntillas y aplaudirá nuestra capacidad. Lo comprobamos año tras año en la ceremonia de los Óscar. ¿Recuerdan las palabras del director Pedro Almodóvar tras recoger el premio por *Todo sobre mi madre*?

> *My God, don't you think they are one of the more beautiful couple, at least Spanish couple?*
>
> *You know, I come from a country, from a culture very different from this. And you know, in that country now is six years in the morning, so let me dedicate this to Spanish people that are watching TV now and they sacrifice their monday just to look you and me with this... (...) Thanks to the Virgin of Guadalupe, the Virgin of la Cabeza de Miraculos, the Sacred Heart of Mary, Saint Judas Tadeo and El Jesus de Medinaceli...(...).*

(Traducción equivalente: Dios mío, ¿no piensan ustedes que son una de las parejas más guapas, por lo menos pareja española? Saben, vengo de un país, de una cultura muy distinta a esto. Y saben, en ese país ahora son las seis años de la mañana, o sea que déjenme que dedico esto a gente española que están viendo la tele ahora y sacrifican su lunes por la mañana sólo para mirar a mí con esto... (...) Gracias a la Virgen de Guadalupe, la Virgen de la Cabeza de Miraculos, el Sagrado Corazón de María, San Judas Tadeo y el Jesús de Medinaceli... (...).)

La intervención del más aplaudido de nuestros directores fue muy criticada en España pero les puedo asegurar que muy pocos en Estados Unidos se echaron las manos a la cabeza. ¿Que su inglés no era el mejor de los posibles y que allí no conocen nuestro santoral? Da igual. En una situación así, después de haber conseguido un Óscar, todo es justificable y, además, a cualquier auditorio le resulta admirable que en un momento como ése alguien sea capaz de subir a un escenario y articular un discurso.

Ni que decir tiene que las clasificaciones hasta ahora formuladas son tan válidas como cualquier otra. Su valor es puramente orientativo y por lo tanto pueden ser sustituidas o modificadas.

V

LA VOZ SE VE

El discurso es el rostro del alma.

SÉNECA

No es ningún secreto, más bien resulta de sobra conocido, que la voz introduce en el discurso una serie de matices imposibles de captar a través del lenguaje escrito. Los clásicos ya valoraban la *elocutio* muy por encima del propio contenido, convencidos de que el mensaje llega al público más por la forma que por el fondo. Lo aplican muy bien los políticos en los mítines, seguros de que esta regla se cumple aún más cuando hablan ante un público sencillo. Y lo explican muy bien todos los logopedas y profesores de voz cuando aseguran que «la voz se ve».

La forma en la que utilizamos nuestra voz dice mucho de nosotros mismos. Refleja estado de ánimo –miedo, alegría, tristeza–, intencionalidad –reprender, ironizar, llamar la atención, ridiculizar– e incluso ciertos elementos de nuestra personalidad como el apasionamiento o la abulia. Este y no otro era el secreto de los seriales radiofónicos. Los actores de radio eran capaces de crear personajes sólo con la voz y los oyentes se imaginaban a esos personajes con una determinada apariencia física y con un determinado carácter no sólo en función del papel que representaban y de lo que decían sino también en función de cómo lo decían. En su día nadie pudo imaginarse feas a Ama Rosa o Lucecita.

Nuestra primera impresión acerca de los demás vendrá, pues, no sólo por el vocabulario, los temas de conversación o el aspecto físico –que también– sino, sobre todo, por su voz. Por eso es tan importante el empleo de los diferentes parámetros que coinciden básicamente con los de las ondas sonoras: intensidad, tono y timbre.

Intensidad. Se conoce habitualmente como volumen y depende de la amplitud de la vibración sonora. Podemos hablar susurrando, chillando... dependerá del lugar en el que nos encontremos (más o menos ruidoso) y de aquello que queramos destacar. Lo lógico es elevar o disminuir el volumen de una palabra según queramos resaltarla o disimularla. Pero no daremos más valor a una palabra o una frase determinadas sólo con pronunciarlas débiles o fuertes. Por ejemplo, cualquier término o mensaje se verán reforzados si van seguidos de una pausa o si los acentuamos de una forma especial. La utilización de las pausas antes y después del «España va bien» fue una de las claves del éxito del slogan del presidente Aznar. Más allá de su significado.

Con todo esto quiero decir que el recurso de la intensidad será más eficaz si va a acompañado de otros «trucos». ¿Qué hace una persona que recita un verso? ¿Por qué ese verso, cuando se dice, cobra una fuerza que quizá no tenga escrito? Porque el recitador emplea un ritmo o un tono totalmente personales y porque interpreta a su manera las pausas ortográficas o acentúa según su propio sentimiento sin atenerse estrictamente a las reglas.

El poeta José Hierro, galardonado entre otros con el premio Cervantes, ha repetido hasta la saciedad que la poesía no se hace para ser leída sino para ser escuchada y que en ese momento, cuando alguien oye los versos, descubre una dimensión emocional y un significado que pasan desapercibidos si son leídos. Justo lo contrario de lo que sucede con un discurso de los llamados «solemnes»: ni se descubre nada nuevo ni se evita, salvo excepciones, la monotonía.

Tono. En lenguaje no científico se llama «altura de la voz», depende del número de vibraciones por segundo, y es clave para transmitir mayor o menor credibilidad. Es difícil encontrar un presentador o un locutor que tengan un tono agudo. En el caso de los informativos, por ejemplo, es difícil encontrar una mujer que no tenga la voz grave. Hay quien defiende incluso que el discurso de una mujer se hace más creíble cuanto más se aproxima su tono de voz al del hombre.

¿Alguna vez ha pensado por qué provocaba la risa la actriz Gracita Morales dijese lo que dijese? ¿Por qué hacen gracia algunos adolescentes que aún no controlan las cuerdas vocales y varían su tono? ¿No se siente ridículo un adulto cuando se le escapa un «gallo»? ¿Alguna vez han escuchado a un matador que utilice una voz aguda a la hora de citar al toro?

Una voz grave transmitirá siempre más seguridad e incluso más valentía. No en vano, el tono agudo está claramente relacionado con la mayor tensión en las cuerdas vocales. Y casi siempre, en momentos de miedo, el grito será más agudo de lo normal. Quizá por eso crispan las voces «de pito».

Lógicamente, existen razones físicas por las que la voz de la mujer y la del hombre nunca podrán ser iguales. Entre otras, que sus laringes son diferentes. El cartílago tiroides, el más importante de la laringe, está formado por dos láminas unidas que forman un ángulo de 120 grados en el caso de la mujer y de 90 en los varones que han pasado la pubertad. La diferencia no es por lo tanto estructural pero sí de formación y colocación.

A pesar de esta explicación, tenga claro que la diferencia de tono no viene dada sólo por la naturaleza sino que está muy relacionada con la educación y ésta, a su vez, con el lugar de residencia. De hecho, las mujeres francesas tienen fama de utilizar un tono mucho más agudo que el de las españolas. De ahí que en nuestro país pueda resultarnos «cursi» el discurso de una profesora de la Sorbona.

Timbre. No es sólo el «color» de voz. Es como la huella dactilar: permite diferenciar dos sonidos de la misma intensidad y el mismo tono. Se puede identificar a alguien por su timbre porque está directamente relacionado con el tamaño de las cuerdas vocales y, sobre todo, con las cavidades de resonancia. Por eso es muy difícil distinguir a un laringectomizado de otro: tienen un tono y una intensidad propios pero no tienen timbre porque el aire no puede mover las cuerdas vocales de las que carecen y, además, no circula ni por los senos nasales ni por los paranasales.

En los afectados de sinusitis, por ejemplo, el problema es justo el contrario: tienen voz nasal y les resulta muy difícil evitar esta desviación y que el aire recorra otros caminos.

La directa relación del timbre con las características físicas de cada persona hace que sea especialmente complicada su corrección, pero eso no significa que usted no pueda intentarlo o que, si no está del todo convencido de su timbre, recurra a las grabaciones, a los gráficos, a las músicas. Y, en última instancia, siempre le queda el recurso de hacer alguna broma sobre su propia voz advirtiendo a los presentes, por ejemplo, que no se parece en nada a Pavarotti. En cualquier caso, recuerde siempre que hay profesionales con voces que nos parecen terribles cuya capacidad de comunicar es mayor que la de aquellos con voces teóricamente maravillosas. ¿Comunica más el presentador de Televisión Española Constantino Romero que el periodista José María García? ¿La voz de Charles Aznavour emociona menos que la de Luis del Olmo?

Piense en todo momento, además, que el timbre ideal no existe sino que depende de la experiencia previa de los que nos escuchan: de cómo les hayan hablado en casa o en el colegio, de cómo hablen sus compañeros de trabajo... y estos factores son tan diversos que prácticamente todos los timbres –incluido el suyo– se sitúan dentro de parámetros normales.

Hay una aparente excepción a esta normalidad: nuestra voz «desfigurada» por la técnica. Es muy común que nuestro timbre nos parezca espantoso si hablamos por un micrófono o nos escuchamos en una grabadora. Tampoco ha de preocuparse en este caso. Nos cuesta trabajo reconocernos porque nos estamos oyendo sólo por «vía aérea» y habitualmente, cuando hablamos, nos oímos por vía aérea pero también por vía ósea, ya que nuestras cavidades óseas actúan como caja de resonancia. Por si le resulta tranquilizador le diré que la voz real es la que uno mismo oye cuando habla de forma natural, sin ningún tipo de mediación técnica.

La velocidad del sentimiento

Además de los tres mencionados, hay otro aspecto de nuestra forma de hablar que en puridad no se puede incluir dentro de los parámetros de la voz pero que es fundamental para distinguir a unas personas de otras y que, por lo tanto, dirá mucho de nosotros mismos: la duración.

Si en las variables anteriores es difícil establecer unos criterios de normalidad, resulta aún más complicado en el caso de la duración. ¿Cuánto tiempo se debe tardar en pronunciar una palabra o una frase determinadas? Sólo se me ocurre una respuesta: el tiempo necesario para transmitir el sentido o el sentimiento que queremos dar a nuestra intervención.

Lo lógico es que, por su propio significado, la palabra huracán se diga de una forma rápida. Igual que es lógico que se pronuncien lentamente las palabras «nostalgia» o «placentero». Pero, al margen de la semántica, insisto en que no hay reglas de obligado cumplimiento. Siempre se ha dicho que lo normal es enfatizar la sílaba que va acentuada, pero ustedes y yo estamos hartos de ver –dentro y fuera de la televisión– que no siempre coinciden el acento ortográfico y el prosódico por mucho que les duela a los académicos. Todo depende de la intención del orador.

Aun así, hemos de reconocer que nuestra educación nos hace recurrir a ciertos patrones –ciertos tópicos de nuestra cultura– según los cuales algunas personas del ámbito rural alargan las sílabas finales, los tímidos pierden el final de las frases y las mujeres hablan más rápido, una supuesta rapidez que abordaremos, como otras características del lenguaje femenino, en un capítulo posterior. Ya les adelanto que son muchos los antropólogos que relacionan la mayor velocidad en el habla de la mujer con una superioridad verbal.

Frente a esta teoría, otros muchos científicos aseguran que la rapidez, tanto la masculina como la femenina, tendría más que ver con otras variables como la edad, el estado de ánimo, la pasión e incluso la clase social o el lugar de residencia. Es normal que para imitar a determinado tipo de madrileños se hable de una forma lenta, se relajen determinadas vocales y se arrastren las eses. Llegando al extremo, hay quien se esfuerza por hablar así e incluso lo exagera, como si el engolamiento fuese signo de distinción. ¿Recuerda el modo de hablar de Sara Montiel? Lejos de reflejar distinción, parecería que todo su afán consistiera únicamente en mover de forma exagerada los labios, como si fuera, dicho con todo cariño, un coche mal engrasado o un velocista con un pedaleo poco acompasado.

Duración, timbre, tono, intensidad... ya han visto como casi todo es aceptable. Apenas hay unas cuantas reglas fijas y además esas cuantas pueden dejar de serlo por efecto de la moda. Así, a comienzos de los años sesenta, los locutores de publicidad enfatizaban tanto, gritaban de tal forma que ninguna de sus palabras sobresalía de las demás. A finales de esa misma década se utilizaba un volumen mucho más bajo. Ahora, ya en el siglo XXI, no es extraño que se susurre en los anuncios.

Si usted recurre a los servicios de un logopeda para que trabaje sus cuerdas vocales, modifique su tono o le ayude a vocalizar puede que termine hablando mejor pero no necesariamente convencerá más a su auditorio. E incluso corre el riesgo de pronunciar de forma tan perfecta que canse al auditorio o le tomen por pedante. Les suele ocurrir a muchos educadores de la voz.

Es difícil encontrar una persona que «llegue» más a su interlocutor que el presidente de la Xunta de Galicia, Manuel Fraga, a pesar de que es todo un especialista en comerse la mitad de las palabras. Como he dicho ya una y otra vez, y repetiré alguna más, la comunicación eficaz es la suma de muchísimos elementos y la voz –con sus obligados parámetros– es sólo uno de ellos.

De esto último no se puede deducir, aunque lo parezca, que yo considere inservibles los servicios de los logopedas y otros educadores de la voz. Claro que pueden ayudarle –hasta un punto– y, sobre todo, son perfectos, a mi juicio, para corregir los defectos de respiración. Y una buena respiración es fundamental. Si respiramos bien mejorará no sólo nuestro tono, por ejemplo, sino nuestro discurso en general porque también mejorará nuestro estado físico.

¿En qué se basan muchos métodos de relajación sino en el aprendizaje de la respiración? ¿No es la frecuencia respiratoria lo primero que se altera cuando discutimos o estamos nerviosos? ¿No respiramos hondo cuando nos enfrentamos a un problema o cuando vamos a hablar en público? Cargar los pulmones de aire es como llenarnos de energía. De ahí que sea muy útil respirar a fondo tres o cuatro veces antes de nuestro discurso. Si los endocrinos dicen que somos lo que comemos, bien se podría decir que un orador es lo que respira. Y es fundamental que la técnica sea la correcta:

- Procure que al respirar se mueva no sólo la caja torácica sino también el abdomen. Hay que empujar el diafragma hacia abajo. Lo hacemos de pequeños –hasta que nos resulta vergonzante hinchar la tripa– y lo hacemos dormidos, cuando no somos conscientes. Observe cómo respira cuando está tumbado y procure repetirlo al ponerse de pie.
- Si tiene que hablar sentado, intente no cruzar las piernas. Así dejará mayor libertad al diafragma. Lo tienen muy en cuenta los cantaores de flamenco. Cuando actúan sentados tienen el tronco muy recto y bajan un poco la rodilla. Es la forma de que los pulmones puedan empujar hacia abajo aumentando su capacidad.

- No respire por la boca. Es aconsejable hacerlo únicamente por la nariz. De esta forma se filtra, se calienta y se humedece el aire. Las cuerdas vocales se irritan menos. Pero tampoco se obsesione. Es casi imposible hablar en público inspirando sólo por la nariz.
- No rechace las pausas. Le ayudarán a respirar cuando le sea necesario y de paso, como vimos con anterioridad, le darán fuerza para aumentar la intensidad de determinadas palabras. Incluso aparentará más seguridad si es capaz de administrar bien los silencios. Las personas muy nerviosas tienden a hablar sin parar, como si el silencio les provocara un pánico atroz. Son muchos los actores que reconocen que el peor momento sobre un escenario es aquel en el que se impone el silencio.

No es casual, por cierto, que la retórica clásica comparase al orador con un actor de teatro. El orador transmite unas ideas sobre un escenario y tiene que convencer, emocionar, hacer reír, hacer llorar, dar pena, animar... de la misma forma que lo hace un actor. Y todo ello lo conseguirá en mayor o menor medida en función de su capacidad para manejar la voz. Pero ese manejo no se puede limitar a la declamación casi a la antigua usanza con la que nos obsequian de vez en cuando algunos de nuestros actores de teatro que, a pesar de su «buena voz», no inspiran confianza alguna.

La pasión inspirada

¿Cómo se inspira esa confianza? Hablando con pasión. Y no sólo inspirará confianza sino que transmitirá credibilidad y cercanía. ¿Cómo se consigue la pasión? Con un posicionamiento sincero. La respuesta no es mía, es del actor Imanol Arias. Conversando con él de su carrera y del misterio de la comunicación sobre un escenario, Imanol me hablaba una y otra vez de la «emoción real» con la que se rompe y a la vez se consigue la perfección del discurso. Porque no hay nada menos emocionante que un discurso perfecto según ciertas reglas casi matemáticas (un minuto de introducción, dos chistes, una pausa, tres sonrisas y una lágrima) como no hay nada más perfecto que un discurso sinceramente emocionado. Así, con esta norma no escrita, elaboró él su famosa intervención en la Plaza de Colón de Madrid en julio del 1998. ETA acababa de asesinar a Miguel Ángel Blanco y la delegación del gobierno le pidió que pronunciase el discurso y que se situase «por delante» de la clase política. Imanol Arias leyó en Internet muchas de las cosas que se habían escrito sobre el País Vasco, el terrorismo y ETA y creyó ver que faltaba algo esencial: nunca se le había dicho a la gente, a voz en grito, que una sociedad que ha renunciado a la pena de muerte puede exigir a la policía que actúe contra ETA y que cualquier idea legítima se convierte en despreciable si se defiende con el uso de las armas.

No quiero convertir este capítulo en un alegato contra el terrorismo. Lo que intento es demostrar la parte de razón de Imanol cuando relaciona emoción, compromiso y sinceridad con credibilidad. Por supuesto que intervienen otros muchos factores. Si no fuera así ni podríamos haber llegado al capítulo cinco ni nos quedarían aún otros ocho por delante. En el caso de Imanol Arias, al margen de su voz, su personalidad, sus gestos, la estructura y la preparación de su discurso... influye su gusto por las intervenciones públicas. Reconoce que de pequeño se dormía con una radio en la almohada, que narraba a sus amigos las carreras de ciclismo y que a los catorce años se subió a un escenario en el colegio representando al Don Rosendo de *La Rosa del Azafrán.*

Por aquel entonces –comienzos de los años sesenta– Imanol Arias no sabía nada de la técnica de la diseminación tonal tan importante no sólo para los actores sino para cualquiera que quiera hablar ante un auditorio y que está claramente relacionada con la utilización del aire recogido en los pulmones. Marisol del Valle –locutora de Radio Nacional durante muchos años y ahora directora de Estudios del Instituto de Especialistas en Periodismo Audiovisual (IEPA)– me hablaba una tarde de la importancia de administrar bien el aire respirado. Si unos párrafos atrás les insistía en la inspiración, conviene ahora recordar cómo ha de realizarse la espiración.

Es fundamental, según Marisol del Valle, expulsar una cantidad de aire suficiente. Se puede gritar o hablar muy bajito, se pueden rebajar los agudos, pero esto servirá de poco si no se lanzan auténticas bocanadas de aire. El ejemplo contrario es el de la presidenta del Senado, Esperanza Aguirre, que aparenta tener poca voz porque apenas echa aire. Expulsar la cantidad suficiente nos evitará tener un tono quebradizo y nos servirá además para otros menesteres:

- Nos oirán los de la primera fila y también los de la última sin necesidad de aumentar la intensidad de voz. No tendremos que gritar.
- Evitaremos lesiones en las cuerdas vocales. Es el aire el que las hace vibrar. Si se expulsa poco, estarán vibrando de una forma «artificial». Las estaremos forzando.
- Será casi imposible presentar una voz nasal. Si tenemos mucho aire en los pulmones será más fácil expulsarlo por

la boca y además no se quedará en la garganta sino que sonará alrededor del rostro, con un mayor cuerpo. Lo que llaman los italianos «la vocce in máscara».

Recuerde que si suelta de golpe todo el aire inhalado necesitará repetir la operación muy a menudo. La técnica de respiración ideal es aquella que permite hablar en voz alta tomando aliento entre cuatro y seis veces por minuto. La directora del IEPA recomienda soplar una vela poco a poco, de forma que oscile la llama sin llegar a apagarse, como ejercicio para aprender a espirar de forma lenta y controlada. Y no es este su único consejo. Se pueden imaginar la experiencia acumulada por alguien que lleva desde los años cincuenta relacionada de una u otra forma con el mundo de la comunicación.

Fue por aquella época, en los cincuenta, cuando Marisol del Valle perdió la voz justo cuando tenía que hacer una prueba para el programa radiofónico de Bobby Deglané. Se duchó con agua hirviendo, se tapó con una toalla, se metió en la cama con un vaso de leche caliente y chupó una aspirina. Al cabo de dos o tres horas, después de otra ducha con agua helada, recuperó su voz, pudo hacer la prueba y consiguió el trabajo.

¿Hay agentes y situaciones especialmente perjudiciales para la voz? Nos lo dice el sentido común:

- El tabaco.
- Los ambientes ruidosos y cargados.
- El teléfono si es utilizado de forma inadecuada.
- La falta de sueño.
- La polución.

- La sequedad en el ambiente.
- Los cambios bruscos de temperatura.

Es frecuente sufrir afonías sin visitar lugares secos, cambiar de temperatura o recorrer locales ruidosos. Esas afonías pueden estar relacionadas muchas veces con una mala técnica de dicción o con una mala alimentación: las comidas grasientas y los dulces resecan la faringe. Por el contrario, los zumos de fruta favorecen la secreción de saliva. Sea por lo que fuere, si su garganta falla, qué mejor que seguir el consejo de la mezzosoprano Teresa Berganza que siempre viaja con unas pastillas homeopáticas. Pero tampoco se habitúe a depender de este tipo de preparados. En ella está justificado porque, debido a su profesión sí tiene que forzar la voz aunque no lo haga muy a menudo. La propia Berganza reconoce que uno de sus secretos es no interpretar aquellos papeles que no le resultan apropiados. Dice que si no lo hubiese hecho así, si no hubiera sido tan estricta, ahora no podría ganarse la vida con los recitales.

¿Recuerda que yo insistía en páginas anteriores en que había que decir y no leer? Me parece que entonces no aclaré que la lectura resta naturalidad a una exposición porque las estructuras sintácticas están confeccionadas según las normas del lenguaje escrito. La ópera –ya que he citado a Teresa Berganza– es el ejemplo contrario. Si los libretos se leyeran en vez de interpretarse, no habría quien lo resistiera. Pero hay una razón más muy relacionada con este «arte» de la respiración del que venimos hablando: es muy poco frecuente que alguien se ahogue al hablar pero bastante normal que tenga problemas de respiración al leer. Mientras leemos, no respiramos de forma automática, sino que estamos pendientes de la vocalización y de los puntos y las comas. Por eso nos ponemos nerviosos cuando hay palabras en otro idioma o cifras o palabras demasiado largas.

Si en medio de un párrafo aparece la cantidad 2.300 nuestro cerebro la registrará de forma casi automática como una palabra más –casi como una palabra corta formada tan sólo por dos sílabas– y por lo tanto fácil de leer con muy poco consumo de aire. Pero nos estaremos engañando porque en realidad son cinco las sílabas: dos mil trescientas.... Y la lectura se complica si la cifra es más larga: 23.653.516. Veintitrés millones, seiscientas cincuenta y tres mil quinientas dieciséis. Si no es un orador habituado, será fácil que le falte aire para leerla entera. Hasta los dobladores y locutores expertos prefieren apuntarse las cifras en letra para evitar sobresaltos innecesarios.

Pero hay una razón más, y ésta sí es la última, para hablar y no leer al pie de la letra cuando tengamos que intervenir en público. Entonaremos mejor, tendremos otro ritmo y no le tendremos miedo a las pausas porque en cualquier momento sabremos muy bien lo que estamos diciendo, algo que no está del todo asegurado, por ejemplo, cuando leemos un discurso que no es nuestro o cuyo final no recordemos bien.

VI

EL MIEDO VA BIEN

... que de las palabras que todos hablan elige las que conviene y mira el sonido de ellas, y aún cuenta a veces las letras, y las pesa, y las mide, y las compone, para que no solamente digan con claridad lo que se pretende decir, sino también con armonía y dulzura.

FRAY LUIS DE LEÓN

Hace ya casi cuarenta años, el psicólogo norteamericano Ralph Exline estudio la comunicación hombre-mono en términos de comportamiento ocular. Cuando el investigador se aproximaba a un mono mirando hacia abajo y en actitud tímida, la reacción era mínima. Cuando lo hacía de manera más agresiva, mirando directamente a los ojos y con expresión fija, el animal empezaba a mostrar los dientes y balancear la cabeza de forma amenazadora, pero no respondía de forma amenazadora cuando el investigador, con la misma expresión fija, mantenía los ojos cerrados.

La potencia amenazadora de la mirada, y no sólo la de los animales, ha sido reconocida a través de toda la historia de la humanidad. De hecho, en casi todas las culturas existen leyendas sobre el mal de ojo. Incluso se llegó a decir que el papa

Pío IX, elegido en 1846, era poseedor de dicha condición maligna. No hace muchos años, algunos barcos seguían llevando ojos protectores pintados en la proa. Y no hace falta ser un científico para asegurar que es fácil saber cómo se siente una persona mirándola a los ojos. Esto mismo podría explicar que haya personas que se encuentran incómodas frente a un ciego ya que su comportamiento ocular apenas proporciona indicios sobre sus intenciones.

No está muy claro lo que ocurre con las ondas cerebrales cuando percibimos que alguien nos mira fijamente, pero ya hace años que se aceptó que casi todos los humanos mostramos un ritmo cardíaco más alto de lo normal cuando somos observados detenidamente. Como, a buen seguro, aquellos que escuchen nuestro discurso también nos van a mirar –salvo alguno que decida cerrar los ojos y dormirse–, lo más normal es que suframos ciertas alteraciones. Pero esto no es necesariamente malo sino todo lo contrario. Cierto grado de nerviosismo puede ser incluso bueno porque así no perderemos el respeto al auditorio y será más difícil que fallemos de forma estrepitosa. ¿Qué quiero decir con esto? Que no debe preocuparse porque se sienta nervioso antes y durante una intervención pública. Le ocurre a todo el mundo. Y lo fundamental no es hacer desaparecer esos nervios sino controlarlos.

Mencionaba yo el peso de la responsabilidad y el exceso de confianza como causas del «patinazo» de José Borrell en su primer y último examen en el Congreso como aspirante a la presidencia del gobierno. Y no lo digo porque me lo invente. Es la explicación del propio Borrell que reconoce que se vio completamente desconcertado por el alboroto de los diputados del PP. Los gritos que éstos lanzaban y el constante murmullo de los populares que, según el candidato, pusieron en práctica una táctica de acoso y derribo milimétricamente planificada, le hicieron perder el hilo. Lo farragoso de su discurso –su insistencia en los criterios de devengo, las cuentas de caja y el déficit de la Seguridad Social– y su propia conciencia de que se estaba examinando ante sus compañeros hicieron el resto. José Borrell, reconocido orador entre los demás diputados y elegido en una ocasión como el parlamentario más brillante de la cámara por los periodistas del Congreso, fracasó justo en aquello que teóricamente dominaba. «El día que más escrito lo llevaba –me reconocía– fue el día en el que peor lo hice.»

Claro que no fue este su primer fracaso porque con siete u ocho años Borrell se quedó completamente mudo sobre un escenario. El Obispo visitaba su pueblo –Pobla del Segur, en Lérida– y en el colegio le eligieron a él para que leyera, en un teatro, el discurso de bienvenida. Recuerda «con horror» que se corrieron las cortinas y que la presencia de tanta autoridad le dejó totalmente petrificado. ¿Sólo Borrell ha tenido una experiencia semejante? Se pueden imaginar que no. Con mucha menos angustia, el cantaor José Mercé recuerda que, también de pequeño, le llevaron a un bautizo para que cantara y no pudo articular palabra al darse cuenta que entre «su público» se encontraba la Paquera de Jerez. Al contrario que Borrell, Mercé sí pudo recuperarse aunque para ello se tuvo que tomar un café ardiendo que por poco le quema la garganta.

A la hora de intervenir ante un auditorio difícilmente sabremos si nos sentimos igual que Borrell o Mercé, pero sí es frecuente que experimentemos una serie de «contratiempos» que son casi de manual:

- Los nervios y el miedo a ponernos aún más nerviosos nos provocan un aumento de adrenalina de forma similar a lo que sucede en situaciones de pánico: se acelera el riego sanguíneo, se consume más azúcar y se paraliza el aparato vegetativo. Es un «dopping» natural que nos prepara para cualquier esfuerzo excepcional pero que, si no se produce ese desgaste físico que el cuerpo espera, puede originar cierto agarrotamiento.
- La epiglotis se tensa y se nota un nudo en la garganta. Intentas tragar saliva para deshacer el nudo pero no hay saliva suficiente porque las esponjas salivares se han contraído y no suministran nuevo líquido.
- La necesidad de más oxígeno nos produce aún mayor ansiedad. Para poder hablar utilizamos todo el aire que tenemos en los pulmones de forma que pegamos excesivamente la cavidad diafragmática. Entonces tenemos que poner en funcionamiento la respiración torácica de emergencia, que resulta insuficiente porque nuestro nuevo ritmo nos pide una mayor cantidad de oxígeno.
- Necesitamos respirar más para ayudar a la combustión de azúcar, lo que provoca una disminución de la ansiedad que es el efecto indirecto de la adrenalina. A veces el cuadro se completa con movimientos peristálticos intestinales y con un temblor de brazos y de rodillas que denotan tensión y descontrol y producen inhibición, torpeza o agresividad.

Al final, perderemos confianza en nosotros mismos. O lo que es igual, la dosis de nerviosismo que dijimos que podía ser conveniente para mantenernos en guardia, se vuelve angustia total y somos incapaces de pronunciar una palabra. Pero hay que evitar llegar a este punto. Sabemos que el inicio siempre va a ser difícil, que se va a desencadenar el proceso recién descrito pero conociéndolo de antemano no nos asustará lo suficiente como para agarrotarnos.

Asegura Gloria Bassols, la directora de la Escuela de oratoria de Barcelona por la que han pasado unos tres mil alumnos desde su puesta en marcha en 1988, que lo que más preocupa a casi a todos al comienzo del curso es su propio miedo. Esta especialista asegura que es fundamental reconvertir ese miedo en energía positiva. No les oculto que hay quien no lo consigue jamás. Una conocida bailarina del CND tuvo que dejar la danza a pesar de que estaba magníficamente dotada para ella porque los nervios le hacían vomitar antes de cada función. Y no pudo superarlo. Pero tampoco tenga este ejemplo muy en cuenta porque nadie le va a exigir una largura determinada de brazos ni van a comprobar su ritmo o su elasticidad cada vez que se suba a un escenario, ni se van a fijar en la elevación de su empeine.

Temor y talento

¿Existen muchas clases de miedo? Tantas como oradores hay en el mundo. Pero en líneas generales, y para que cada uno de nosotros, ustedes y yo mismo, nos podamos sentir identificados, estableceremos tres tipos o tres causas del miedo:

- ***Miedo al público.*** Miedo a que se vayan, a que bostecen, a que hablen, a que se levanten y nos pregunten, a que no aplaudan…

Leí una vez que la actriz Sara Bernat recibió a una madre con su niña que deseaba triunfar sobre los escenarios. Sara le preguntó si no le aterrorizaba la gente y la joven aspirante respondió que no, que en absoluto. La Bernat, sonriente, le dijo que no se preocupara, que el miedo le llegaría con el talento.

- ***Miedo a la soledad.*** Por contradictorio que parezca, puedes experimentar miedo al público y al mismo tiempo sentirte solo completamente. Solo con tus dudas y tus preguntas: ¿Me acordaré de lo que tengo que decir? ¿Se me secará la boca? ¿Empezaré a tartamudear? En ese momento ninguno de los presentes te puede ayudar.
- ***Miedo al cambio.*** Podría ser algo así como el miedo escénico. Es muy habitual que para dirigirte al público tengas que abandonar tu asiento y ponerte de pie e incluso recorrer cierta distancia antes de subir a un escenario. Dejas tu «hábitat» natural y ocupas un espacio que no es el tuyo con el consiguiente temblor.

Hasta Amparo Rubiales, vicepresidenta segunda del Congreso, me confesaba poco después de su nombramiento, que se había sentido incómoda en la mesa de la Cámara, como observada. El hemiciclo le parecía diferente y eso que ejerce como «señoría» desde el 93. Pero siempre se había sentado entre los demás diputados. Era una más entre 350 y ahora forma parte de los nueve elegidos que componen el órgano de gobierno de la Cámara.

Tanto en este último caso –cuando ocupas un lugar al que no estás habituado o mientras te diriges a él– como en los dos anteriores sentirás sobre ti, y volvemos al comienzo del capítulo, decenas o cientos de miradas que pueden llegar a paralizarte y a provocar nuevas sensaciones angustiosas además de las ya señaladas:

- Debilidad en las piernas.
- Temblores involuntarios de las manos.
- Sudoración excesiva.
- Enrojecimiento facial.

Fue durante el siglo XIX cuando se comenzó a utilizar la denominación «fiebre de candilejas» para referirse al aumento de temperatura corporal que experimentaban los actores de teatro días antes de un estreno. Y más tarde se observó que algo parecido se producía también en conferenciantes o políticos.

Con todo, lo peor es quedarse en blanco. Es el gran miedo de cualquier orador; el miedo al silencio prolongado. Pero, aunque le parezca increíble, sólo las pausas superiores a los siete segundos son consideradas excesivas para un auditorio. Y siete segundos, aunque tampoco se lo crea, resultan más que suficiente para encontrar una salida al lapsus. Y las soluciones a estas crisis existen y son de lo más variado:

- Reconozca que se le ha ido el santo al cielo y hable de otra cosa hasta que consiga recuperar el hilo. El público le agradecerá la naturalidad.
- Extiéndase sobre lo último que ha dicho: con más detalles, con alguna anécdota, con algún comentario complementario... Sin haberlo previsto puede convertir ese ultimo punto en el eje central de su discurso o, al menos, en una parte decisiva.
- Resuma lo dicho hasta ese momento. Ganará mucho más

tiempo para recuperar el hilo o recordar un nuevo argumento.

- Logre que el público participe de forma más activa: lance preguntas, diga algo sobre los que se sientan al principio o al final, cambie alguna impresión con los que le acompañan.
- Y por supuesto, jamás se crea que es el único que sufre un problema de estas características.

Hace ya bastantes años, un antiguo periodista, hoy escritor, y antes y ahora enseñante, tuvo que abandonar a sus alumnos nada más empezar la clase porque se quedó totalmente mudo. Se estrenaba como profesor en la Facultad de Políticas y debía hablar durante una hora y media sobre Platón, pero no fue capaz de articular cuatro palabras seguidas a pesar de que se había preparado perfectamente su intervención. Cuenta que, en aquel momento, se disculpo diciendo a los demás y diciéndose a sí mismo que se encontraba enfermo. Y en realidad notaba realmente los síntomas de la enfermedad, así que fue una invención a medias: su cuerpo se interpuso para que pudiera decir «no me encuentro bien» cuando en realidad debía haber dicho «no puedo». Y no podía porque estaba convencido de que sería incapaz de captar la atención de los estudiantes durante la hora y media. Tenía la sensación de que no le acompañarían hasta el final.

Existe una Asociación Norteamericana de Trastornos de la Ansiedad –en Estados Unidos existe casi de todo– que defiende a capa y espada que los médicos empiecen a estudiar, comprender y tratar el trastorno de ansiedad social de la misma forma que abordaron el trastorno obsesivo compulsivo y el trastorno de la angustia hace 10 o 15 años.

Meses atrás, los responsables de esta Asociación hicieron un estudio entre más de mil personas a las que pedían que reflexionaran sobre estas tres afirmaciones:

- Sentir vergüenza o parecer estúpido constituyen algunos de mis peores temores.
- El miedo a sentirme avergonzado me impide hacer cosas o hablar con personas.
- Evito las actividades en las que soy el centro de atención.

Después de realizar un seguimiento, los investigadores identificaron a 195 ciudadanos con trastorno de ansiedad social generalizada, casi un 10 por ciento de las personas encuestadas. Y de todas ellas, sólo una había sido diagnosticada previamente por un médico, lo que indica que, al contrario de lo que sucede, por ejemplo con la depresión, donde se identifica a la mitad de los afectados, la ansiedad social se pasa generalmente por alto con lo que resulta complicado tratar ciertos problemas.

La farmacología puede aliviar algunos síntomas de este tipo de ansiedad. Puede consultar a un médico de su confianza sobre determinadas sustancias como los inhibidores selectivos de la recaptación de serotonina (ISRS), benzodiazepinas, inhibidores de la MAO, antiepilépticos... Son muchos los psiquiatras y psicólogos que recetan sobre todo el primer tipo de medicamentos, suministrados a veces también por los cardiólogos porque reducen el ritmo de los latidos del corazón. Pero bajo ningún concepto se le ocurra tomar nada por su cuenta por mucho que le haya dicho un vecino o un conocido. Entre otras razones, porque, como casi todos los fármacos, éstos también presentan una larga serie de efectos secundarios.

No se fíe pues demasiado de las píldoras milagrosas e intente aliviar su ansiedad con métodos mucho menos peligrosos. Es sólo cuestión de tener voluntad para ponerlos en práctica. Inténtelo con todas sus fuerzas.

Medicinas personales

En algún libro de consejos prácticos leí un fragmento donde el autor contaba el caso de una amiga muy dinámica y segura pero que estaba aterrorizada ante su próxima conferencia sobre astrología, a pesar de que dominaba completamente la materia. El autor le sugirió que escribiera en una hoja los diez miedos que sentía y ella puso en el papel, entre otros, el miedo a equivocarse, a no saber responder a las preguntas, a ruborizarse y sudar demasiado, a no ser apreciada o escuchada, etc. A continuación, y haciendo caso de nuevo del consejero, leyó uno a uno todos sus miedos y después dobló en cuatro el papelito, le prendió fuego en un cenicero, dejó que se consumiera y se entretuvo mirando el humo. Así consiguió ahuyentar el miedo. ¿Les parece efectivo el método? A mí tampoco. ¿Se pueden dar consejos más útiles? Por supuesto que sí y algunos han sido ya citados en capítulos anteriores:

- Intente relajarse y concentrarse durante los minutos previos a la charla.
- Alimente su entusiasmo. Piense en los beneficios que le puede reportar la intervención: económicos, de prestigio, de influencia personal.
- Conozca el tema y actúe en consecuencia. Se sentirá mucho más seguro si domina el asunto en cuestión. Camine

hacia la tribuna con energía y respire profundamente antes de tomar la palabra. Llegará a perder el miedo comportándose como si no lo tuviera.

- Practique siempre que pueda. Conseguir un discurso fluido se convertirá en una cuestión de pura costumbre. Puede ser útil que ensaye en casa construyendo discursos de cinco minutos primero y más tarde de diez, quince o veinte.
- Piense que hay miedos que honran, que todos los miedos se notan y que los oyentes lo comprenden. ¿O a usted le parece muy extraño que alguien se equivoque en público o diga abiertamente que está nervioso? Puede servir incluso para ganarse al auditorio.

Contaba el profesor Vallejo-Nágera la gran ovación que se le dedicó al pintor Antonio López cuando éste recibió, en los años 80 en Madrid, el ABC de Oro, a pesar de que lo único que el artista llegó a decir fue algo parecido a «soy muy tímido, yo sólo pinto y no se me da bien hablar y lo único que puedo decir es gracias, de verdad, muchas gracias». Decía Vallejo-Nágera que la prueba de la efectividad de su discurso es que aquel día fueron muchos los premiados, cada uno de ellos pronunció un discurso y sin embargo él recordaba sólo el de Antonio López. Es verdad que sólo a un «artista» se le perdona casi todo y que hay momentos de especial emoción que hacen disculpable una oratoria espantosa, pero este ejemplo muestra, fundamentalmente, que no siempre el público espera de nosotros que hablemos como el mismísimo Sagasta.

Recuerde, además, que tan malo es parecer demasiado tímido como demasiado agresivo, porque la agresividad es otra forma de tener miedo y además el público, al sentirse atacado, no suele perdonarla. Y por supuesto, ni se le ocurra beber alcohol como forma de desinhibirse. El alcohol puede estar bien para animarse con los amigos o si quiere entablar conversación con alguien y le da vergüenza, pero le jugará malas pasadas si lo emplea como tranquilizante o para vencer la timidez.

Sí es aconsejable, ahora que tan de moda está la medicina natural, que recuerde las propiedades de algunas plantas analgésicas y sedantes a las que puede recurrir en casos de necesidad. Sustituyen a los ansiolíticos convencionales. Entre las que actúan sobre las funciones nerviosas elementales se encuentran la camomila –con efecto analgésico– y el azahar, la pasiflora o la valeriana –con propiedades de sedación y relajación muscular—. De todas, la más recomendada por los especialistas es la última, la valeriana, cuya raíz sirve para combatir la tensión psíquica, la ansiedad y las alteraciones cardíacas de origen nervioso. Todas deben tomarse con moderación y sólo en casos de extrema necesidad.

Es fundamental que sepamos qué nos sucede cuando tomamos una de estas infusiones, de forma que no se le debe ocurrir experimentar justo el día en el que su intervención sea especialmente importante. La relajación puede ser excesiva y quizá le impida concentrarse. Tampoco es aconsejable tomar una simple aspirina, o cualquier otro antipirético, justo antes de su discurso. La aspirina más la calefacción te hacen sudar como si estuvieras muerto de miedo y puedes llegar a ofrecer una imagen deplorable.

De la misma forma es recomendable tener muy presente, aunque casi nunca se pueda elegir, que no estamos igual de lúcidos a primera hora, que a media mañana o por la tarde. Es por lo tanto muy importante procurar hacer coincidir la intervención con nuestro mejor momento. Si además se ha descansado la noche anterior y se ha comido lo justo, todo saldrá a pedir de boca. Una comida demasiado copiosa provocará una pesadísima digestión porque habrá más riego sanguíneo en el estómago que en el cerebro y será fácil meter la pata. Los médicos insisten, además, en que la nicotina, la cafeína, los antidepresivos y las anfetaminas pueden producir angustia.

Por último, piense siempre que, según todos los psicólogos, la angustia es una conducta aprendida y por lo tanto se puede «desaprender», y que usted no es ni mucho menos el único que siente pánico en determinadas circunstancias. El periodista y crítico Eduardo Haro Tecglen, asiduo de las tertulias radiofónicas y cada vez mas aficionado a las conferencias y a las charlas, no tiene empacho alguno en reconocer que hubo un tiempo en el que se negaba a hablar en público. El suyo no era, claro está, un pánico escénico sino una especie de miedo a sí mismo que arrastraba desde aquellos años de la dictadura en los que era muy peligroso decir lo que realmente se pensaba. Cuando escribía tenía la posibilidad de repasar e incluso de decir determinadas cosas entre líneas o de componer las frases con un doble sentido. Lo hizo durante muchos años en sus columnas de la revista *Triunfo*. Pero hablando perdía el sentido de la medida, según reconoce él mismo. Así que, para evitar problemas, se prodigaba lo menos posible. Hoy en día le sigue ocurriendo pero, a diferencia de entonces, no sucede nada si dice lo que piensa de verdad.

A pesar del caso de Eduardo Haro –un ejemplo de superación– son cada vez más los que reconocen cierta «fobia social». Pero incluso los «fóbicos» se ven obligados a veces a hablar en público o a caminar con decenas de miradas fijas en ellos. ¿Ha pensado que existen ciertos trucos muy personales?

¿No cree que hay personas que alivian su tensión interna con algún «pseudorritual»? Algunos se santiguan antes de empezar a hablar como forma de ganar seguridad, otros buscan la relajación recordando una situación que fue especialmente grata, los hay que se repiten a sí mismos que son capaces y que van a triunfar. Incluso hay quien lleva un amuleto de la suerte. En este caso sí que no puedo ayudarle. Depende de su fe y de su imaginación.

VII

EL CUERPO A ESCENA

Las palabras son hermosas pero
las hemos sobrestimado en exceso.

GEORGE DU MAURIER

Llegados ya a la mitad del libro y después de haber insistido tanto en la importancia que tiene elaborar bien un discurso, ser natural, vencer el miedo y otras muchas habilidades relacionadas con lo que decimos, he de confesarles que, hace ya muchos años, el profesor norteamericano Ray Birdwhistell, considerado el padre de la cinesis, estableció que sólo el 35 por ciento del significado social de una conversación corresponde a las palabras habladas; el 65 por ciento restante es comunicación no verbal. A partir de ahí se han establecido todo tipo de clasificaciones y divisiones porcentuales para explicar, en ocasiones casi al detalle, hacia qué dirige su atención un auditorio:

- En un 55 por ciento hacia el aspecto. Incluye el color de la piel, el sexo, la edad, el vestido, el pelo, el peso, la expresión facial, los movimientos corporales. Todo aquello, en definitiva, que se percibe por los ojos.
- En un 38 por ciento hacia la forma de hablar. La rapidez, el vocabulario, el tono, el timbre, la vocalización. Esencial en el caso del contacto telefónico.

- En un 7 por ciento hacia lo que digo, pienso, cómo lo expongo, si soy conciso, si soy coloquial o demasiado artificioso, si mi charla es aburrida o animada, si me enrollo demasiado…

Ni que decir tiene que estos porcentajes son discutibles. Lo que no admite discusión alguna, y los psiquiatras lo saben y lo utilizan desde hace mucho tiempo a la hora de analizar a sus pacientes, es que el lenguaje no verbal o lenguaje corporal es al menos tan importante como el hablado a la hora de comunicarnos. Además el cuerpo y el rostro casi nunca mienten. Y cuando sí lo hacen, cuando mienten, nunca será de forma coordinada con nuestro discurso. Esto supondrá que estaremos afirmando una cosa mediante la palabra pero expresando otra diferente con la cara, la mano o las piernas.

¿Y qué sucede cuando nuestro intelecto recibe mensajes contradictorios? Que siempre le hacemos más caso a lo que entra por los ojos porque consciente o inconscientemente sabemos que los gestos o los movimientos son más difíciles de controlar que las palabras y, por lo tanto, más sinceros. ¿Qué quiero decir con esto? Que el ser humano retiene sobre todo imágenes y se fía sobre todo de las imágenes. No en vano, casi todos decimos «lo he visto por televisión» como prueba de la veracidad de un asunto determinado. ¿En qué se traduce todo esto a la hora de dar una conferencia o pronunciar un discurso? En que nuestra imagen deberá ser excelente si queremos vencer/convencer.

¿Significa esto que convencen más los más guapos? Sí, pero sólo al principio. Los estudios sobre procesos de persuasión reflejan que el atractivo constituye un factor de influencia en la credibilidad inicial. Además, y aunque parezca monstruoso, está demostrado que los acusados no atractivos tienen más probabilidades de ser declarados culpables y recibir condenas más largas, que los maestros actúan menos positivamente con un niño «poco atractivo» e incluso que la estatura se asocia a menudo con el poder, de forma que cuanto más alto es el estatus que se le confiere a una persona, mayor es la estatura que se le calcula.

¿Saben que en Estados Unidos, desde 1900, ha ganado siempre las elecciones el más alto de los candidatos con la excepción de Carter que alcanzó la Casa Blanca con su 1,75? ¿Saben que una prestigiosa universidad norteamericana ha publicado un estudio según el cual los hombres más bajos se ven postergados en las oportunidades de empleos y salarios? ¿Saben que la alopecia de un político puede condicionar hasta un 30 por ciento del voto?

Poco después de las últimas elecciones generales –las del 12 de marzo de 2000– el sociólogo Alejandro Perales y el dermatólogo Ramón Grimalt daban a conocer un estudio según el cual el político con calvicie es considerado por los votantes menos atractivo, menos dinámico y con menor carisma. El estudio, basado en las opiniones de mil ciudadanos, defiende que, a igualdad de condiciones, los votantes tienden a escoger a candidatos con pelo ya que los consideran más inteligentes, más honrados y más dinámicos. Es más, en la pasada legislatura, el PP fue el partido que presentó menos aspirantes alopécicos en sus listas. Ya sé que lo de la altura o lo de la calvicie, salvo milagro o similar, tiene poca solución pero no así otros muchos elementos de su aspecto físico como la vestimenta y el peinado que le ayudarán a comunicar o a convencer mejor. Nos ocuparemos de ellos más adelante.

A propósito de la belleza y de la estatura, y para que no llegue a una conclusión equivocada, le recordaré que hace ya tiempo un grupo de psicólogos del Instituto Carnegie de Tecnología sometió a estudio a cerca de cien profesionales destacados para valorar sus posibilidades de éxito según la imagen que ofrecían a los demás. Los autores del estudio llegaron a dos conclusiones.

- Al margen de la belleza, cada uno de nosotros tenemos una imagen más o menos atractiva según la personalidad que seamos capaces de transmitir.
- El grado de personalidad es más determinante que la inteligencia a la hora de triunfar en la vida.

Aceptado esto último, resulta muy sencillo por lo tanto admitir que la personalidad es más importante que la belleza a la hora de hablar en público porque es una herramienta mucho más útil para convencer a los demás. Seguro que se está preguntando: pero ¿qué es exactamente la personalidad? Pues la combinación de muchos de los elementos que han ido apareciendo en páginas anteriores: la preparación, la serenidad, el carácter, la experiencia y, en buena medida, el prestigio: la imagen que los demás se han formado de nosotros.

Hace unos meses, en la sede que la Universidad de Castilla-La Mancha tiene en Albacete, cientos de personas tuvimos la ocasión de asistir a una conferencia del astronauta Pedro Duque, el único español que ha tenido la inmensa fortuna de navegar por el espacio. Nadie que no lo haya visto podrá creer que un hombre como éste, todo un ingeniero que sacó un diez de nota media en la Escuela de Aeronáuticos y que ha tenido que eliminar a cientos de competidores para ser admitido en la Agencia Espacial Europea y a otros tantos para poder formar parte de la tripulación del Discovery, sea un tímido casi enfermizo hasta el punto de permanecer rígido sobre el escenario, hablar lo mínimo y mostrarse claramente nervioso. Y sin embargo, su aureola de héroe le llevó a recibir un caluroso aplauso al finalizar su intervención.

Senderos de gloria

¿Qué quiero decir con el ejemplo de Pedro Duque? Que hay oradores que tienen asegurado el triunfo hagan lo que hagan sobre el escenario porque el público está muy interesado en su persona y en lo que van a decir. Otros tendremos que tener mucho más cuidado con nuestra apariencia, nuestro lenguaje y sobre todo, con nuestros nervios. Deberemos prestar mucha atención a un momento especialmente crucial: el que transcurre desde que nos levantamos del asiento hasta que comenzamos a hablar. Para muchos, la auténtica pesadilla es ese intervalo. ¿Cómo conseguir que la angustia de ese momento no le paralice?

- Camine mirando al suelo sin inclinar excesivamente la cabeza. Así le resultará menos desafiante al auditorio y usted apenas notará que todos le miran.
- Utilice un paso decidido. Transmitirá una enorme seguridad a los que le observan. Cuidado con andar demasiado rápido porque puede parecer que desea terminar cuanto antes.

- No se rasque por el camino, ni se ajuste el nudo de la corbata ni vaya todo el tiempo tosiendo. Producirá una impresión lamentable. Si tiene que hacer algo de eso, hágalo al levantarse de su asiento y antes de comenzar a andar.

Una vez superado este trance conseguiremos alcanzar nuestro sitio, nos «protegeremos» detrás de un atril y todo será más fácil. En ese momento, tenga en cuenta lo siguiente:

- No descargue el peso de su cuerpo en el atril. Aparentará estar cansado antes incluso de haber comenzado.
- Sitúese a una distancia de unos 35 o 40 centímetros. No habrá posibilidad alguna de recostarse en el atril.
- Mantenga los pies paralelos entre sí y las rodillas ligeramente relajadas. Evitará posturas «cómicas» y se cansará menos.
- No esconda nunca las manos porque dará sensación de inseguridad y no las agite de forma demasiado violenta porque aparecerá como demasiado nervioso. Tampoco le recomiendo que las mantenga totalmente quietas, como si le hubieran escayolado, porque transmitirá excesiva frialdad. Lo aconsejable es que las mueva pero de forma moderada y sin levantarlas nunca demasiado para no mostrar crispación.

Claro que lo peor es tener que hablar de pie, a veces incluso sobre un escenario, sin ningún tipo de «barrera» o «asidero». Es lo que más nos asusta a la mayoría aunque, como en todo, siempre hay excepciones. A Boris Izaguirre, por ejemplo, le sucede todo lo contrario. Asegura que el escenario le provoca seguridad y que combina dos tipos de pensamiento: por un lado intenta convencerse, como hacía la actriz Jean Moreau, que hace el amor con cada una de las personas que le están viendo; por otro, procura imaginarse que en ese momento sólo existe él mismo. De esta forma aparenta un dominio y transmite una especie de soberbia que el espectador agradece y que él relaciona –medio en broma, medio en serio– con alguna de sus vidas anteriores en las que debió de ser actor de segunda o empleado de un cabaret.

¿Boris nunca lo pasa mal? Aunque no se lo crean, confiesa que se pone muy nervioso justo antes de salir y que mantiene ciertas manías relacionadas con las puertas, los pies o su forma de vestir. Eso sí, una vez delante del público nota que el escenario es suyo y que debe ser natural y sentirse cómodo. Por eso y porque de alguna forma representa a una marciano, se atreve a subirse sobre un sillón que le resulta muy incómodo para estar sentado de una forma convencional. Boris Izaguirre, me lo decía él mismo, escucha lo que le pide su cuerpo y actúa en consecuencia. Al contrario que él, casi ninguno de nosotros siente pasión por las pasarelas, ni ha asistido a cursos de interpretación, ni tiene una madre bailarina, así que será muy normal que cometamos determinados errores que tienen una clara interpretación:

- Dar constantes pasos hacia adelante o hacia atrás. Refleja una gran inseguridad.
- Quedarnos totalmente quietos apoyando todo el peso del cuerpo en una sola pierna. Quizá estemos más a gusto pero proyectaremos cierta «chulería».
- Dejar los brazos como muertos, sin ningún tipo de movimiento. Puede parecer desgana o cansancio.
- Descansar las manos en los bolsillos o en el cinturón. Lo primero quizá dé sensación de timidez. Lo segundo, implica cierto aire desafiante.

- Levantar excesivamente la barbilla. Entenderán que nos creemos superiores. Preferible que nuestro rostro quede en la misma línea que los del resto.
- Mirar siempre a los mismos. Hay que girar la cabeza hacia la derecha y la izquierda para que todos se sientan partícipes.
- Sepa, por último, que enfatizará un determinado pasaje de su discurso si en ese momento mueve una sola mano.

¿Terrible tener que hablar de pie, sin atril o con él? Quizá lo más conveniente es que las primeras veces lo haga sentado si es que le dejan elegir. Sentarse tiene el inconveniente de que puede parecer demasiado distante pero la ventaja de que se sentirá psicológicamente más protegido. Los que estamos acostumbrados a presentar en televisión detrás de una mesa nos hallamos algo indefensos cuando hemos de aparecer de cuerpo entero. Incluso nos cuesta cierto trabajo andar y no sabemos muy bien qué hacer con las manos o con los pies. Todos nos encontramos mucho más tranquilos detrás de una «mesa/escudo».

Aun así, detrás de la mesa se puede actuar de forma incorrecta. ¿Algún consejo?

- No se tumbe en la silla. Dará sensación de desgana o aburrimiento.
- Ocupe sólo la primera mitad del asiento y cargue su peso sobre la pelvis. Esto le obligará a mantener derecho el tronco.
- Sitúe un pie más adelantado que el otro. Le proporcionará mayor estabilidad y le hará estar preparado para levantarse de inmediato si fuera necesario.

- Recoja los pies hacia atrás. Hay quien interpreta que esto supone estar a la defensiva pero lo cierto es que ayuda a mantener el eje de gravedad.
- Ajuste los elementos de su vestimenta que le hagan sentirse incómodo: la chaqueta que se le engancha por detrás, la mangas de la camisa que se le han escondido... Así evitará posibles distracciones.
- Arrime la silla de forma que pueda apoyar las muñecas en el tablero pero no se quede tan cerca como para apoyar todo el cuerpo. No tendrá tentaciones de echarse encima de la mesa cuando se vaya cansando.
- Afine la garganta y tome suficiente aire como para empezar con fuerza su discurso. Se asegurará un comienzo convincente para los demás y para usted mismo.

Todo lo visto hasta ahora le habrá llevado a la conclusión –y me permito parafrasear a McLuhan– de que en buena medida el cuerpo es el mensaje. Y si no, que se lo pregunten al coreógrafo y bailarín Nacho Duato, defensor de la teoría de que la gente que camina como metida hacia adentro no está a gusto con su propio cuerpo. Como si hubiera algo que no les funcionara internamente o quisieran ocultar algo a los que les observan. De hecho, Duato me reconocía hace un tiempo que ahora que baila menos y que su mundo se ha ampliado y mantiene más contacto con personas de otras profesiones, se da cuenta de que los demás le parecen raros porque se mueven, se sientan o andan de una forma que no le resulta familiar: tuercen los pies, los doblan, los separan demasiado... y así denotan, a su juicio, una evidente inseguridad.

Duato se fía tanto de lo que dice nuestro cuerpo de nosotros mismos, que sólo con ver de espaldas a los aspirantes cree saber quién tiene posibilidades y quién no de entrar en la Compañía Nacional de Danza que dirige desde hace años. Según él es muy significativa la manera en la que cualquier persona –y más un bailarín– permanece de pie, se sienta, sube unas escaleras, se agacha para coger determinado objeto o se relaciona con los demás. La clave está en encontrar el término medio, sin pasarse de arrogante ni de tímido. Y dice que para conseguirlo hay que intentar ser uno mismo, «aceptarse del todo». Una vez conseguido esto, si te sudan las manos o si te tiembla la voz la gente lo entenderá.

Claro que Duato, como todos los demás bailarines, disfruta cuando se siente observado. Lo admite él mismo. También lo admite Víctor Ullate, el responsable de la Compañía de Danza de Madrid que me decía que un bailarín se pasa muchas horas mirándose al espejo para comprobar si su cuerpo es o no perfecto y cuando cree haberlo conseguido disfruta como nadie mostrándolo.

Al final, como pueden ver, disfrutar o sufrir delante del público es una cuestión de seguridad o inseguridad. Pero teniendo en cuenta que no le van a examinar por su físico y que además los seres humanos somos demasiado complejos como para delatarnos con un sólo gesto, lo que más debe importarle es su discurso. Si uno está preparado saldrá de cualquier atolladero. Igual que si tiene algo interesante que decir.

Teniendo esto muy claro, el tema del control corporal tratado hasta ahora se puede resumir de esta manera: que el cuerpo también es el mensaje y que hay gestos, movimientos o posiciones que son clave. Las repasamos.

- Cuando haya llegado al lugar de su intervención dirija la vista hacia la puerta, una pared, algún punto lejano, pero no al público en primer lugar. Luego traslade lentamente su mirada hacia él.

- Una vez que haya mirado al auditorio, intente sonreír de forma natural y suave.
- Busque algún rostro conocido y amigo que le tranquilice y le ayude a relajarse.
- Tarde unos cuantos segundos en comenzar su discurso. No lo haga de forma precipitada.
- Procure no mover demasiado ni las manos ni los brazos en los primeros minutos de su intervención. Toda la fuerza y el convencimiento ha de reflejarse en su rostro y en su voz.

Ya sé que la mayoría de las veces no será usted quien elija el sitio de su intervención y por lo tanto no podrá decir nada sobre la distancia que le separa de los asistentes. Pero, por si alguna vez le pidieran opinión, téngalo muy presente. Entenderá muy bien la importancia de este espacio si reflexiona sobre lo que haría al notar que en una conversación su interlocutor se acerca progresivamente a usted hasta casi tocarle. Usted irá retrocediendo y puede que incluso llegue a pensar mal de la otra persona. Por supuesto que las reglas no son las mismas en todas las culturas: los norteamericanos prefieren conversar a unos 70 centímetros y a los sudamericanos les gusta acercarse mucho más. No habrá problemas en conversaciones entre dos ciudadanos de la misma nacionalidad pero si conversan un norteamericano y un mexicano necesariamente uno de los dos terminará por sentirse incómodo. Y será aún más dificil el entendimiento si el mexicano es sustituido por un marroquí que tiende a aproximarse de forma casi asfixiante y que gusta de abrazar y tocar a su interlocutor. Nada que ver no ya con los norteamericanos sino con los europeos que, por nuestra propia cultura, identificamos proximidad con cortejo o incluso con sexo.

¿Qué relación guarda todo esto con cualquier intervención en público? Que existen determinadas reglas más o menos aceptadas desde los años cincuenta en los que el antropólogo norteamericano Edward Hall se interesó por este tipo de cuestiones. Son reglas sobre las distancias convenientes según las situaciones y que también sirven por lo tanto para las intervenciones en público:

- Cuarenta y cinco centímetros: apropiada para iniciar el acercamiento amoroso, conversar de forma íntima e incluso reñir.
- De setenta y cinco centímetros a un metro veinte (la extensión aproximada de un brazo): la más aceptada para conversar sobre asuntos personales.
- Entre un metro veinte y dos metros: considerada la distancia social. Es la que se emplea, por ejemplo, en el trabajo.
- De tres a cuatro metros. Más utilizada para conversaciones excesivamente formales. Puede dar impresión de dominio. De ahí que muchos directivos dispongan de mesas con ese ancho que les alejan física y psicológicamente de sus empleados.
- Más de cuatro metros. Se entiende que esta es la distancia pública y por lo tanto, la más lógica para pronunciar cualquier tipo de discurso.

Pero a pesar de ser decisiva la distancia y nuestro comportamiento, antes de ocupar el lugar adecuado frente al auditorio, recuerde que su gran baza a la hora de convencer/vencer estará claramente relacionada con la propia imagen. No hace falta que les diga que hay gente a la que todo el mundo escucha, aunque no sea un gran experto, y otros eruditos a los que no soporta nadie. Y no sólo por la elaboración de su discurso, las citas o el tono. Tienen un aspecto agradable que en muchas ocasiones va unido a lo que todo el mundo reconoce como atractivo personal. Los expertos en comunicación no verbal, en la que insistiremos más adelante, aseguran que el atractivo constituye un factor de influencia en la percepción de la credibilidad inicial. Pero tampoco se crea que si es guapo lo tiene todo ganado. Eso ayudará, como ya dije antes, pero ser considerado atractivo va más allá de la belleza.

Tipos desagradables

Claro que ser atractivo le ayudará a ganarse a su público. Pero por mucho que su aspecto sea inmejorable y haya estudiado hasta la saciedad la composición del auditorio, tenga en cuenta que nunca estará del todo a salvo. Así que, aún a riesgo de caer demasiado en la anécdota, sí me gustaría recordarle que, a la hora de los turnos de preguntas o respuestas, casi siempre habrá algún oyente dispuesto a arruinar su discurso. Se los puede encontrar de diferentes tipos:

- ***Tímidos.*** Su propia timidez les impide controlarse a sí mismos de forma que en determinadas ocasiones, lejos de guardar silencio cuando disienten, experimentan una especie de rabia incontrolable que les hace comportarse de forma especialmente violenta. En estos casos evite reaccionar de igual manera y, si lo cree conveniente, defiéndase con argumentos lógicos pero sin ningún tipo de ira. No se preocupe por las formas del otro y sí por las suyas. Así logrará que el otro se tranquilice y usted se habrá ganado al resto del auditorio.

- ***Lanzados.*** Suelen ser aquellos con una excesiva facilidad de palabra y, sobre todo, con un desmedido afán de notoriedad. Estarán pendientes de cualquier posible fallo o contradicción para replicar de forma inmediata y a veces puede que ni siquiera escuchen con atención porque su propia ansiedad les resta capacidad de concentración. Esto implica que la mayoría de las veces serán sencillos de «batir», sobre todo cuando no pregunten algo sino que se limiten a hablar y hablar para evidenciar su dominio del tema en cuestión. La respuesta en estos casos, después de haber mirado varias veces al reloj si su intervención se ha hecho muy larga, puede ser: «Perdone; no he entendido muy bien qué es lo que desea preguntar.»
- ***Discutidores.*** Molestos por su propia situación personal, o por la marcha del mundo, aprovechan cualquier ocasión para enfrentarse a alguien. Intentarán descalificarle previamente, sin haber escuchado su intervención y, después, utilizarán la burla para echar por tierra también su discurso. Buscan vencer más que convencer y para ello provocarán la pelea. Lo aconsejable es dejarles hablar. Nunca les interrumpa y, por supuesto, no intente establecer un diálogo para intercambiar puntos de vista. Lo mejor es dejarles hablar. Lo normal es que se enreden en sus propios razonamientos.
- ***Insultadores.*** Le odian y están dispuestos a hundirle diga lo que diga. Perderán los papeles. Intentarán ofenderle en lo personal o en lo profesional y herirle en su orgullo para que usted tenga que saltar. En ocasiones así, y aunque le resul-

te difícil, es preferible la generosidad a la vanidad. Procure mantenerse frío y, como mucho, utilice la ironía. Puede hacerlo en el momento o guardarse la referencia para el final.

En cierta ocasión el escritor inglés George Bernard Shaw intentaba dirigir unas palabras a un teatro después de una representación de Pigmalión pero su voz se veía silenciada por los aplausos de todos los asistentes menos uno que, situado en el último piso, no paraba de silbar. Los demás continuaban vitoreándole pero él seguía pitando de forma que Bernard Shaw consiguió que los demás se detuviesen y le dijo sonriente al contrariado:

–Amigo mío. Estoy completamente de acuerdo con usted, pero ¿qué podemos hacer los dos solos ante esta multitud?

- ***Enfermos.*** Puede que sea preciso llamar a un médico porque alguien se marea o ha sufrido un desmayo. O puede que tenga que recurrir usted a los organizadores o a los servicios de seguridad porque alguien ha irrumpido en la sala para molestar. Ya sabe que últimamente se estila mucho el «lanzamiento» de tartas. En este caso apenas puedo darle consejo alguno. Tranquilidad y que el incidente se olvide pronto. Y como mucho, si es que no pierde los estribos y es capaz de recurrir al humor, cuente un chiste o intente decir algo gracioso aunque ya le adelanto que le resultará bastante difícil.

Cuentan que lord Halifax durante la segunda guerra mundial dio un ciclo de conferencias en diferentes ciudades norteamericanas para lograr que la opinión pública de Estados Unidos aceptara entrar en la conflagración a favor de Inglaterra.

Al intentar iniciar una de sus cartas ante un grupo de amas de casa con hijos en edad militar, recibió unos impactos de huevos. Lord Halifax no se inmutó. Limpiándose con el pañuelo, impávido, comentó: «¡Qué lástima, con lo escasos que están en mi país!».

De sobra saben el ex ministro Boyer y todos los demás que alguna vez han recibido un tartazo en plena conferencia que no siempre puede uno recurrir al chiste amable. Si usted no es capaz, sí ha de esforzarse al menos para no hacer referencia alguna, ni en ocasiones como éstas ni en otras más llevaderas, a cuestiones de raza, religión o política. Lo puede estropear aún más enfrentándose al resto del auditorio.

Para que todo salga a la perfección habrá de vigilar no sólo que el público se comporte de forma correcta, sino que se cumplan una serie de requisitos previos:

- Jamás llegue tarde. Estará mucho más relajado y podrá repasar mentalmente su intervención e incluso añadir algo de última hora siempre que esté muy justificado: se ha encontrado en la escalera con un personaje relevante; tuvo anoche un sueño relacionado con su conferencia; ha sentido un escalofrío al ver allí sentado al público.
- Compruebe si está en su mano el buen funcionamiento de su micrófono, si dispone de papel y lápiz para tomar notas o si le han puesto su botella de agua con el vaso correspondiente, aunque ya le contaré más adelante que no ofrecerá muy buena impresión si bebe de forma compulsiva.
- Evite las medicinas, los estimulantes o el alcohol antes de

su intervención por mucho que le den cierta energía o seguridad. Pueden jugarle malas pasadas.

- Compruebe que lleva sus fichas o sus papeles y que están bien ordenadas.
- Ponga tranquilamente el micrófono a su altura, aléjese uno o dos pasos hacia atrás del atril, apoye firmemente las piernas y no comience a hablar hasta estar seguro de que el público le está prestando realmente atención. No le importe hacer una pequeña pausa. Es una buena forma de ganarse el respeto inicial.
- Cuide mucho el comienzo y hable despacio, sobre todo al principio.
- Agrupe a las personas si hay demasiados asientos libres. Muchos huecos en la sala nos darán la sensación de vacío.

Cuando haya terminado de hablar, no salga disparado hacia su asiento. Si hay aplausos espere a que se oigan durante unos segundos y luego regrese de forma pausada. Mire primero al suelo y más tarde, cuando haya comprobado que tiene el camino despejado, levante la cabeza y diríjala hacia el frente. La propia naturaleza del acto, el contenido de su discurso y el comportamiento del público le indicarán si debe permanecer serio, sonreír o casi reír a carcajadas.

VIII

FALSOS MOVIMIENTOS

Aquel que no pueda sonreír, no debe tener tienda.

PROVERBIO CHINO

A comienzos de los años 70 la escritora norteamericana Flora Davis sacó a la luz su libro *La comunicación no verbal*, sin duda el texto más citado por todos aquellos que de una u otra forma nos hemos interesado alguna vez por el intercambio de información entre humanos y por los elementos que influyen en la efectividad, credibilidad, interpretación o análisis de los mensajes. Decía Davis, y lo hacía para justificar su apasionamiento por un tema apenas estudiado hasta mediados del siglo, que ella pertenecía a esa clase de personas que no confiaban plenamente en el teléfono porque sin ver a su interlocutor le resultaba casi imposible conocer sus pensamientos o descubrir su estado de ánimo.

Flora Davis recordaba cómo el concepto de comunicación no verbal ha fascinado durante siglos a los no científicos –escultores, pintores, novelistas– y cómo durante todo ese tiempo la mayoría de los que sí intentaron establecer reglas y sacar conclusiones a partir de determinados gestos o movimientos arrojaron la toalla convencidos de que ni el rostro ni las demás partes del cuerpo constituyen elementos infalibles para interpretar al ser humano y la forma que éste tiene de relacionarse.

A lo largo de los últimos años, los especialistas en cinesis –estudiosos del movimiento del cuerpo humano– han avanzado considerablemente a la hora de extraer conclusiones más o menos certeras sobre la comunicación no verbal. Pero tampoco se crea que podrá descubrir grandes secretos sobre los demás a través de sus comportamientos no verbales. Ya hablamos en el capítulo anterior sobre la complejidad de los seres humanos y, además, no todos los gestos o los movimientos son universales.

Es de sobra conocido, por ejemplo, que un latino, un americano y un árabe no se manifestarán de la misma forma al ver a una mujer atractiva. El primero silbará, el segundo moverá las manos dibujando determinadas curvas y el tercero se acariciará la barba. Incluso sacar la lengua no tiene el mismo significado en Occidente (mala educación) que en Oriente (turbación). En determinadas zonas de la India se mueve la cabeza de izquierda a derecha o viceversa para asentir.

A pesar de que nuestros gestos pueden no ser inequívocos/unívocos, tendremos que tener muy presente que sí informarán a los demás de cosas que quizá nosotros mismos desconocemos. De hecho, según el profesor Birdwhistell, una persona corriente se comunica con palabras durante unos 10 minutos diarios. El resto de la información sobre nosotros mismos la proporcionamos a través de elementos o componentes no verbales. Esto supone una gran cantidad de información porque resulta imposible parar de comunicar.

¿Ha oído hablar alguna vez de Hans? Era el nombre de un caballo que en 1904 provocó mil y un quebraderos de cabeza a los científicos de medio mundo ante su supuesta habilidad para resolver problemas matemáticos, indicar la hora que marcaba el reloj y reconocer a la gente por fotografías. Y todo ello haciendo golpear contra el suelo el casco de una de sus patas.

Hasta miembros de la Academia de Ciencias de Rusia y profesores de la Universidad de Berlín apoyaron la tesis de que se encontraban ante un caballo extraordinariamente inteligente.

Días después, otro estudioso llegó a la conclusión de que el caballo era incapaz de dar la respuesta adecuada cuando ninguno de los presentes conocía la solución del problema propuesto. Fallaba también el animal cuando se le ponían anteojeras que le impedían ver a los demás. La conclusión final era, por lo tanto, que el caballo no sabía sumar ni interpretar fotografías sino que para hacer algo parecido a eso necesitaba el complemento de ayudas ópticas. O lo que es igual, que a lo largo de un lento proceso de aprendizaje numérico el caballo fue capaz de percibir e interpretar correctamente los más pequeños movimientos musculares y la mímica de las personas que estaban a su alrededor. Así, golpeaba la pata contra el suelo una y otra vez hasta que notaba un especial grado de ansiedad en su dueño. Era la prueba de que había llegado al final y se detenía. La conclusión aparente era que sabía contar.

El ser transparente

En resumen, que los humanos somos transparentes de una forma muchas veces peligrosa para nosotros mismos. Si hasta un caballo es capaz de apreciar nuestro estado de ansiedad según el gesto, qué no serán capaces de adivinar nuestros semejantes sobre nosotros mismos según cómo movamos la cabeza, nuestra forma de vestir o nuestra capacidad de vocalización. Ajustarse de forma repetida el nudo de la corbata, limpiarse muy a menudo las gafas, beber sin parar, llenar de flechas, cuadrados o círculos los folios que tenemos delante... son sólo pequeños detalles que transmiten información a cualquier tipo de auditorio porque todo el mundo sacará su propia conclusión aunque sea errónea.

No todos nuestros gestos son tan comprensibles aunque, una vez «traducidos», son igualmente significativos. Quizá usted nunca haya reflexionado sobre ellos pero son miles, tantos que es imposible enumerarlos todos y muchos son de difícil clasificación. Aun así, se pueden dividir en tres grandes bloques: relacionados con el cuerpo, con nuestro aspecto exterior y con el paralenguaje. Del último ya hemos hablado en anteriores capítulos. Del segundo lo haremos más adelante. Ahora nos ocuparemos únicamente del primero, del lenguaje corporal, que es el más extenso y que se puede ordenar, a su vez, en cuatro grupos: faciales, oculares, gestuales y posturales. Como van a ver, cualquiera de nuestros órganos se puede convertir en el más hábil emisor.

1. *Faciales*

El rostro es la parte del cuerpo con mayor potencia comunicativa, hasta el punto de que la mayoría de los especialistas lo consideran como la principal fuente de comunicación sólo superada por el lenguaje verbal. Sucede a menudo con los niños, que después de haberles explicado algo, les tenemos que preguntar si lo han entendido. No somos capaces de leer en su rostro respuesta alguna puesto que todavía les falta terminar de desarrollar las funciones de los músculos faciales.

En los adultos, sin embargo, no existe ese problema, así que le resultará muy sencillo saber cómo se sienten sus interlocutores con sólo fijarse en las caras salvo que sean todos británicos y de clase alta ya que entonces habrían sido educados para no manifestar sus emociones. Recuerde todo lo que se ha comentado sobre la educación recibida por el Príncipe de Gales y cómo su padre le enseñó desde pequeño a que fuera capaz de ocultar sus sentimientos. Aun así, y al margen de la nacionalidad y de las técnicas de control, con sólo 44 músculos, la cara puede llegar a componer cerca de cinco mil expresiones.

Como regla general, tenga presente que las expresiones de felicidad, amor y miedo son más fácilmente reconocibles que las de disgusto, desprecio y dolor. Ante la gran cantidad de combinaciones posibles es relativamente sencillo equivocarse, pero nunca le ocurrirá si tiene en cuenta estas observaciones.

- Las cejas levantadas reflejan sorpresa; hacia abajo, cólera.
- El mentón alzado, signo de soberbia.
- Arrugar la frente, disgusto o duda.
- Los párpados caídos, celos...

Hace poco tiempo se publicó en nuestro país un libro titulado *El rostro* en el que su autor, un periodista norteamericano llamado Daniel McNeil, analiza la utilización de la cara como arma política. En los antiguos países comunistas las calles estaban llenas de gigantescos bustos de sus dirigentes; en Irak, aun hoy en día, se puede ver por todas partes el rostro de Sadam Hussein. En Afganistán, los talibanes anulan a las mujeres obligándolas a ocultar sus rostros. Y por no ir tan lejos, en Occidente los partidos empapelan las vallas con la cara de sus candidatos durante la campaña electoral para asegurarse una presencia continua.

Muy al contrario, el gobierno mexicano hizo todo lo posible por mostrar al mundo entero la cara del subcomandante Marcos como forma de hacer desaparecer el misterio y la aureola de heroicidad que rodeaba, y aun hoy rodea, al EZLN (Ejercito Zapatista de Liberación Nacional). En este caso, y lo ha reconocido el propio Marcos, es el pasamontañas, por paradójico que parezca, el que da rostro a la revolución zapatista.

McNeil, que ha analizado de forma especial a los personajes norteamericanos, asegura que el ex presidente Clinton se sirve mucho más de su expresión que de su voz y sus palabras para poder llegar a los ciudadanos. Así, avanza el labio inferior para sugerir desafío, entorna los ojos para transmitir concentración y sonríe muchísimo para convencer a los demás de que todo marcha bien. Un truco este, el de la sonrisa, cada vez más utilizado por todos los políticos de nuestro país, que acostumbran a sonreír cada vez que se les hace una pregunta que les incomoda. Pretenden mostrar así que en realidad no les ha molestado y, al mismo tiempo, intentan ganar tiempo para buscar la respuesta adecuada.

2. *Oculares*

Nada como el contacto ocular para sentirnos abiertos y vulnerables. Es bastante frecuente que alguien descubra cómo se encuentra su interlocutor con sólo mirarle a los ojos. De ahí que muchas personas se hallen incómodas frente a un ciego o que muchas parejas hagan el amor a oscuras. ¿Cómo evitar el pánico cuando notamos cientos de miradas clavadas sobre nosotros? El primer ministro de Portugal y presidente de la Internacional Socialista, Antonio Gutierres, admirado dentro y fuera de su país por su dominio de la oratoria, reconocía hace tiempo, en una entrevista, que ya en su época de estudiante aprendió que el mejor modo de comunicarse era dirigirse a personas concretas porque comunicar con una multitud es imposible. Decía que siempre escoge unas cuantas personas a las que dirige la mirada todo el tiempo y le sirven como referente para saber si se está equivocando. Y algo similar hacen la mayor parte de los intérpretes de cante «jondo» que necesitan comunicarse con una sola persona.

Recuerde siempre que son muchos los individuos que desvían la mirada cuando faltan a la verdad, que la mirada fija y sostenida puede llegar a intimidar a su interlocutor, que mirar hacia abajo puede significar modestia pero también inseguridad y que las pupilas se dilatan cuando se miente. Aunque esto último, lo de las pupilas, es muy relativo.

Los psicólogos descubrieron ya hace tiempo que también se dilatan las pupilas cuando se observa algo interesante o placentero, cuando comemos algo que nos gusta e incluso cuando nos excitamos porque creemos haber resuelto un problema. Hay prestidigitadores que se sirven de las pupilas para sus trucos de manos porque es muy normal, por ejemplo, que nos aumenten de tamaño cuando vemos aparecer la carta que escondimos previamente en un montón. El mago sabrá que ésa es la carta elegida sólo con mirarnos a los ojos. Eso sí, se pueden imaginar que casi nadie sabe leer nuestra mirada hasta ese punto.

3. *Gestuales y posturales*

Los psicoanalistas, poco dados en general a ofrecer detalles sobre las claves para examinar a sus pacientes, reconocen que determinadas posturas dicen bastante sobre la naturaleza de sus problemas o su actitud ante la vida. También insisten en que hay que ser prudente porque es muy frecuente que imitemos actitudes corporales de los demás, sobre todo cuando compartimos parecidos puntos de vista o porque dentro de la misma cultura se suelen utilizar movimientos similares. Advirtiendo pues que no todos los humanos nos sentamos igual ni cruzamos igual las piernas, por ejemplo, sí podemos establecer una especie de reglas más o menos generalizables relacionadas con las diferentes partes del cuerpo:

- **Tronco.** Siempre se ha dicho, como regla general, que si alguien se echa hacia delante estará evidenciando un especial interés en la conversación, un deseo de tomar parte en ella o la voluntad de interrumpir a su interlocutor. Si lo echa hacia atrás estará reflejando expectación. Pero también puede ser repulsa o desinterés.
- **Manos.** A lo largo de la historia, el hombre las ha utilizado para trabajar pero también, en muchas ocasiones, igual que los demás animales, para atacar o defenderse. De ahí que tengamos que tener mucho cuidado con que no delaten excesivamente nuestro instinto animal.

¿Qué refleja el movimiento de manos? Casi de todo: malicia o avaricia si se frotan de forma rápida y alegría o satisfacción si se hace despacio; si aprieta una contra la otra alguien podrá interpretar, como vimos en el capítulo anterior, que es usted demasiado agresivo; si las mete en los bolsillos, que peca de timidez, que es arrogante o incluso que esconde algo; si las gira y muestra las palmas, que no tiene nada que ocultar y si las sitúa delante de sus órganos genitales, pensarán de usted que es demasiado timorato.

Hay muchas más interpretaciones: puede estar manifestando ansiedad si se toca demasiado la cara, cansancio si se restriega la frente, mentira inminente si se lleva las manos a la boca... Y así cientos de ejemplos. Y ni que decir tiene que el movimiento de un solo dedo, o de varios, al margen de cómo coloquemos la mano, puede reflejar también determinadas actitudes. Es de sobra conocido que cuando alguien quiere aconsejar o reprender cierra el puño y eleva el dedo índice.

- **Piernas y pies.** No sé si alguna vez se ha dado cuenta de que en posición natural los animales siempre tienden a esconder las vísceras, las partes blandas y vitales del cuerpo. Sólo se atreven a exhibirlas en una situación de mucha confianza y lo mismo hace el hombre. No hay más que recordar qué es lo que más preocupa a los futbolistas que forman una barrera en el lanzamiento libre indirecto o cómo nos abrochamos y desabrochamos la chaqueta –para proteger o desproteger otra de nuestras partes blandas– según lo a gusto que nos encontremos en un lugar determinado.

  Esto mismo sucede, aunque en menor medida, con otros órganos. ¿O no se ha dado cuenta de lo que hace con sus piernas cuando ve en el cine o en la televisión una película de miedo? Las esconde como si temiera perderlas. Pero además:

- Si cruza las piernas justo en el momento de tomar la palabra denotará nerviosismo.
- Si cruza los pies dirigiendo la punta hacia el auditorio indicará que se siente cómodo, que quiere crear un ambiente agradable.
- Si cruza los pies hacia atrás se interpretará que se aleja de sus interlocutores, que está a disgusto.
- Si golpea el suelo de forma insistente con la punta o el tacón del zapato reflejará cierta inquietud.

- **Brazos.** El ser humano puede realizar 700.000 signos diferentes sólo con las diferentes combinaciones de movimientos del brazo, la muñeca y los dedos. Pero le recordaré sólo dos: mover los brazos de forma amplia implica seguridad en la afirmación; si los cruza todo el mundo entenderá que se siente agredido y que busca protección aunque puede que lo haga simplemente por comodidad...

Unas líneas más arriba les decía que el rostro es la parte del cuerpo con más potencia comunicativa, pero eso no implica necesariamente que sea la que más pueda informar sobre nosotros mismos o sobre los demás; más bien todo lo contrario. Podemos saber mucho más del otro si observamos sus manos y, sobre todo, si nos fijamos en sus piernas o en sus pies. Y la explicación es bien sencilla: casi todos nos preocupamos de «cuidar» la expresión de nuestra cara pensando que nos va a delatar, pero pocas veces caemos en la cuenta de que alguien puede estar examinando el movimiento de nuestras manos o nuestros pies. Decía Sigmund Freud que el que tenga ojos para ver y oídos para escuchar podrá convencerse de que ningún mortal es capaz de guardar un secreto porque «si sus labios guardan silencio, parloteará con la punta de los dedos».

Recuerde a Freud no sólo cuando tenga que observar a alguien sino también cuando vaya a ser observado, pero tenga cuidado de no caer en la «sobreactuación» porque los demás, salvo que usted sea un gran actor, y aún en ese caso, se darán cuenta. Y, por supuesto, ni se le ocurra escribir en sus fichas o en sus apuntes algo parecido a «en este momento miro al auditorio, me callo y sonrío». Como mucho anote en su guión alguna llamada de atención para recordar la conveniencia de hacer alguna pausa si sabe que tiene cierta tendencia a embalarse. Todo lo demás, lejos de ayudarle, le perjudicará.

IX

JUEGOS DE PRESENCIA

Todo el lenguaje es signo; como el vestido,
las fórmulas de cortesía o los ritos
familiares nos identifican.

PIERRE GUIRADU (Lingüista)

¿Alguna vez ha pensado dónde está el secreto de la Biblia y cuál es la forma en la que Jesús habla a sus discípulos y a todos aquellos a quienes desea convencer? ¿Recuerda qué cosas se cuentan y cómo están escritos los cuentos para niños como el de Caperucita Roja, los Tres Cerditos o el Patito Feo? ¿No nos enseña el primero que hay que hacer caso a los mayores, no entretenerse por el camino y no hablar más de la cuenta? ¿No quiere convencernos el segundo de que hemos de trabajar y esforzarnos si queremos vivir seguros? Los cuentos son el ejemplo más claro de la utilidad de las metáforas para hacer llegar un mensaje. En el fondo, los hermanos Grimm o Hans Christian Andersen utilizaban una detrás de otra para que su mensaje fuera efectivo y, casi sin darnos cuenta, como ocurre con los juegos, nos hacían creer de verdad que ser feo o diferente no importaba demasiado porque quizá algún día te convertirías en el más admirado. Los cuentistas dominan como nadie el arte de contar historias recurriendo a imágenes seductoras y episodios emocionantes que, como en el caso bíblico, se asemejan muchas veces a los milagros.

El escritor Francisco Umbral me reconocía que lo que más le preocupa cuando tiene que hablar en público es utilizar un lenguaje plástico: contar anécdotas, hablar de gente conocida... emplear, en fin, las metáforas. Tanto confía en ellas Umbral que aboga, provocador como siempre, por que nos olvidemos totalmente de la retórica de antes de la guerra civil que tanto se ha mencionado en este libro. En su opinión, aquella retórica ha desaparecido y bien desaparecida está porque era pura hojarasca.

Pero quizá exista algo más importante, o al menos igual, que la metáfora para que nuestra historia capte la atención del interlocutor: la adecuación al momento y al escenario. No es casual que la noche sea el mejor momento para contar cuentos, ni que muchos cuentistas busquen el calor de la chimenea... Por eso no estoy del todo de acuerdo con Umbral cuando dice que cualquier discurso ha de estar lleno de imágenes porque 500 personas no pueden soportar durante una hora la lectura de un ensayo profundo. Bien está, como ya he defendido, la utilización de las metáforas, pero con ellas o sin ellas, el público aguantará ese discurso si espera de antemano una intervención de sesenta minutos. Del mismo modo, un niño aguantará o pedirá a su madre que le cuente un cuento cuando se va a la cama, pero no lo soportaría a las once de la mañana. A esa hora, cualquier niño rechazará cierto tipo de historias y cierto tono en el narrador. No se dará la adecuación precisa.

¿Sucede lo mismo en las reuniones profesionales? ¿Cómo enfrentarse a los asistentes a un seminario? ¿Qué hacer para convencer a los directivos de una compañía de que hay que cambiar de eslogan o de estrategia?

En este caso, y porque se presupone cierta predisposición por parte del auditorio, no importa tanto la elaboración del mensaje –su contenido– como el empleo de un estilo personal, aunque Daniel Estulin, experto en comunicación y organizador de numerosos cursos sobre técnicas de presentaciones, insiste en que un estilo propio no basta por sí solo sino que es preciso llegar a él a través de una técnica superior. Dicha técnica, en el caso de los comerciales, por ejemplo, consistiría en la utilización de una serie de «trucos»: movimientos, elementos técnicos, golpes de efecto. Será fundamental que teatralicemos nuestra intervención. Dani Estulin cuenta que en cierta ocasión subió al escenario con una sierra eléctrica y partió en dos el atril. Trataba de hacer ver a sus alumnos que hay que eliminar cualquier barrera posible pero, por encima de esto, intentaba hacerles comprender que debían buscar una forma original de transmitir el mensaje. Sin llegar a tanto, sí pueden servirle de utilidad ante determinados auditorios ciertos apoyos:

- Diapositivas y gráficos muy explicativos, con colores primarios, y en los que apenas aparezcan palabras, porque resulta complicado interpretar los gráficos y leer al mismo tiempo los mensajes escritos. Hay que conseguir que esas barras o esas curvas se puedan entender con sólo echarles un vistazo.
- Pequeñas fichas (puede ser incluso una sola) que se llevarán en la mano. En ellas habremos anotado unos cuantos conceptos, pero apenas las miraremos salvo que lo hagamos de una forma disimulada. La impresión que ofreceremos a los demás será de que hemos preparado nuestra intervención y, al mismo tiempo, nos lo sabemos todo tan bien que apenas tenemos que recurrir a lo anotado.

- Objetos que tengan que ver con el contenido de nuestra intervención y puedan hacer más entretenido el discurso. Tampoco se trata de que se convierta usted en un prestidigitador, pero las sorpresas casi siempre son de agradecer.
- Si usted hace algo parecido y además es capaz de moverse con cierta soltura, pero sin distraer, y de utilizar la técnica de las preguntas y respuestas poniéndoselo fácil al auditorio para que todos se sientan partícipes, tendrá el éxito casi asegurado. Su intervención será más brillante y convincente que la mayoría. No le digo nada si es usted el organizador del encuentro y coloca menos sillas de las necesarias para que los presentes lleguen incluso a pelarse por no estar de pie. Cuando consigan sentarse pensarán, de forma inconsciente, que el acto debe de merecer la pena en vista del esfuerzo que les ha costado.

Buscando trabajo

En este capítulo hemos hablado de los discursos y de las reuniones de trabajo, pero existen otros muchos espacios de comunicación. Aunque son tantos que resulta imposible repasarlos uno a uno, no quisiera dejar de mencionar dos de ellos que, a mi juicio, son vitales en la sociedad de hoy en día: la negociación y la entrevista.

Negociación. El objetivo de todas las partes suele ser la búsqueda de un acuerdo. Algo que no sucede, por ejemplo, en los debates, planteados casi siempre como un espectáculo en el que cada uno defiende su propia idea y rara vez está dispuesto a modificarla. En los debates se suele cumplir la denominada «paradoja hidrostática de la controversia» que viene a decir que, si alguien comunica por un tubo dos vasos, uno de tamaño corriente y el otro tan grande como el mar, el agua quedará en ambos al mismo nivel, y que lo mismo sucede con las discusiones-debate: igualan a los sabios con los tontos, y los tontos lo saben.

En el caso de la negociación, no es fácil que se cumpla la misma paradoja. Es más normal que usted se arriesgue a perder o a ganar, así que deberá prepararse muy a conciencia. Resulta imprescindible tener muy claros unos cuantos puntos:

- ***Objetivos.*** Que sean nítidos pero sobre todo realistas. Es importante conocer también los objetivos del otro para intentar adelantarnos a sus intenciones. Si se «enfrenta» a un grupo, intente descubrir quién es el que realmente toma las decisiones, el que ejerce el liderazgo.
- ***Técnicas y estrategias para la negociación.*** Amenazar, crear presión pública antes de empezar, exigir más de lo necesario para quedarse en menos, hacerse la víctima, halagar, prolongar la conversación para cansar a nuestro interlocutor, hablar de forma poco clara, ofrecer propuestas nada realistas, asustar, arrancar de forma muy intransigente para luego ir aflojando. Decía el Nobel Albert Einstein que una velada en la que estén todos de acuerdo es una velada perdida.
- ***Momentos cruciales.*** El saludo o primer contacto personal, el comienzo de la exposición, saber sintetizar cuando el discurso se esté alargando, resumir lo dicho hasta el momento.

Recuerde siempre que la negociación no es una discusión, que ha de conservar la calma, que es casi imposible una victoria al cien por cien y que, si hay público presente en la sala, le convendrá hacer gala de todas sus dotes de simpatía para que le apoye. El público suele hundir a aquellos que le caen mal.

En el caso de la entrevista de trabajo, tenga presentes determinados códigos:

- ***De situación.*** El lugar influye mucho en el estado de ánimo de los interlocutores. No es lo mismo que sea en el campo, en una cafetería, en un despacho... Si puede, elija usted el lugar.
- ***De identidad.*** Acumule información sobre su interlocutor: gustos, pasado, intenciones, nivel de instrucción. Así no sólo será más fuerte y tendrá más posibilidades de triunfo sino que lo hará todo más fluido. Evitará estúpidas pérdidas de tiempo.
- ***Verbales.*** Usted tiene dos formas de preguntar: de forma directa y clara, o de forma indirecta, y cuenta con múltiples posibilidades para tratar a su interlocutor: de usted, con chistes, con un buen tono, más o menos formal...
- ***No verbales.*** Es importante cómo esté situado respecto a su interlocutor: de frente, de lado, más alto, más bajo... con una mesa en medio, con un sillón más elevado... Recuerde todo lo que ya expusimos en el capítulo VIII sobre gestos y movimientos.

No le extrañe si alguien echa mano durante la entrevista de cámaras de grabación, vídeos, lecturas especiales, Internet... Son los denominados «códigos de complemento» y están ahora tan de moda como en su día lo estuvieron los tests y las pruebas psicotécnicas. Hace años era corriente que un jefe de personal te hiciese preguntas del tipo «¿qué tres cosas se te dan mejor?», «¿dónde te ves dentro de cinco años?», «¿qué te gustaba menos de tu anterior trabajo?». Salvo para una selección masiva, nadie pregunta ya nada parecido.

Susana Fernández Granda, que entrevista a unas 40 personas al mes como responsable de Selección y Formación de Terra, me contaba que tiene muy en cuenta la madurez y las ganas de aprender de los aspirantes. Y esa madurez y esa predisposición se aprecian conversando cara a cara mucho más aún que en un curriculum. Lo único que hay que hacer es dejar que hable el otro, porque todo el mundo cuenta más de lo que preguntaría un jefe de personal y, por lo tanto, se delata a sí mismo con lo que dice. Sea pues muy cuidadoso cuando vea que su interlocutor hace demasiadas pausas. Estará intentando que sea usted quien hable.

¿Hay algo que no deba hacer, decir o preguntar? Susana Fernández segura que no descalifica a nadie porque pregunte cuánto dinero va a cobrar, se presente en mangas de camisa o se exprese de forma poco fluida. Sí es decisivo para ella que aquel que pide trabajo se haya informado antes sobre la compañía y no pregunte cuestiones elementales.

Ya sabemos, y lo reconoce la misma Susana, que el «negocio» de Internet es relativamente reciente y funciona con parámetros que no son aplicables al resto de las empresas. También es evidente que en la propia Terra no se pide lo mismo a un comercial que a un programador, pero los ejemplos mencionados nos pueden ayudar a entender las actuales reglas de juego y las que están a punto de llegar. Sepa, por ejemplo, que en Estados Unidos hay leyes que prohíben preguntar a un futuro empleado por su religión, su estado civil, su nacionalidad e incluso por su edad. Cualquier empresa puede ser demandada si se salta esta regla e intenta sonsacar al aspirante información considerada personal.

Temor a la cámara

¿Existe alguna situación que inquiete más que una entrevista de trabajo? Seguramente una entrevista para la televisión. Si no sabemos qué cara poner delante de una cámara de fotos o incluso nos ponemos nerviosos cuando nos enfocan con una de vídeo aunque sea en una reunión familiar, nos impondrá aún mucho más la presencia de la televisión.

Aunque cada vez sucede menos, es muy habitual que la gente se niegue a hablar e incluso eche a correr cuando un periodista le aborda en la calle para preguntarle micrófono en mano por un tema en concreto. Quienes lo hemos intentado en más de una ocasión sabemos la vergüenza que sienten muchos españoles y cómo esa vergüenza les impide articular palabra. Es el sentido del ridículo que apareció ya en capítulos anteriores y que es aquí mucho más exacerbado que, por ejemplo, en Estados Unidos. Allí los ciudadanos sí quieren hablar, convencidos, en su mayoría, de que ejercen una especie de derecho a expresar en público su opinión sobre cualquier asunto.

Pero si aquí, en nuestro país, resulta ya difícil enfrentarse a una cámara en la calle, aún es más complicado acudir a un estudio. Por varias razones:

- ***El ambiente que se respira en un programa y que no suele apreciarse desde casa:*** los focos, los cables, las cámaras que se mueven, el regidor que da órdenes, los operadores que hacen gestos... Intente olvidarse de la posición de las cámaras y procure mirar a su interlocutor. Al espectador le parecerá extraño que deje de prestar atención al que pregunta para dirigirse a la cámara.

- ***El peso de la audiencia potencial:*** un invitado puede dejarse impresionar ante la posibilidad de que le estén viendo varios millones de espectadores. El temor le puede llevar a responder con monosílabos, lo que será casi tan terrible como que hable sin parar o no responda a lo que le preguntan. Una vez puede estar bien –parecerá incluso avispado si se escapa del cerco del periodista– pero si lo hace demasiado a menudo se granjeará la antipatía de la audiencia.
- ***La preocupación por el aspecto:*** igual que cuando escuchamos nuestra voz previamente grabada, que suele no gustarnos, habitualmente tampoco nos vemos bien en una pantalla. La cámara suele engordar, unas luces mal situadas pueden acentuar las arrugas, determinados gestos se ven exagerados a través de una cámara. Sobre esto será difícil que usted pueda hacer algo. Sí es aconsejable que no llegue tarde a la cita. Así se asegurará que hay tiempo suficiente para que le maquillen, le peinen y le iluminen correctamente.

¿Hay que tener un especial cuidado con el vestuario? Por supuesto que sí. Don Quijote le recordaba a Sancho que los trajes se habían de acomodar al oficio y la dignidad profesada y que no estaría bien que un jurisperito se vistiese como un soldado ni un soldado como un sacerdote. Pero es que no sólo no estaría bien por los demás, sino por nosotros mismos. Está más que comprobado que cuando un orador se sabe bien vestido e integrado con su auditorio siente más confianza en sí mismo y por lo tanto es más capaz de centrarse en su discurso. Lo mejor es cuando él mismo se olvida de lo que lleva puesto y se centra en el discurso. El traje dejará de ser un problema y él y todos los demás podrán fijar su atención en el discurso. Nos decía el diseñador Roberto Verino que lo más importante es estar a gusto con uno mismo, que tiene que funcionar la autoestima y que para conseguirlo no tenemos que hacer un esfuerzo para adaptarnos al medio sino comportarnos en el vestir tal como somos: que el personaje no pueda con la persona.

La eterna duda que nos asalta a los hombres es la referida a la corbata. Claro que esta prenda continúa simbolizando cierto estatus pero, según Verino, tiende a ser menos necesaria porque todos buscamos la libertad en la forma de vestirnos. Aun así, insiste en que la corbata no tiene por qué ser incómoda y en cambio puede convertirse en un recurso fácil para cambiar de ropa.

Sobre la falda o el pantalón, en el caso de las mujeres, ya nos ocuparemos más adelante, en el capítulo once, pero no me resisto a citar ahora el episodio, supuestamente real, que leí hace tiempo en una revista: el de una empresaria que intentaba captar vendedores para su firma y, al final de la sesión, después de haber alquilado una sala, preparado unos dossieres y contratado un catering, no consiguió convencer a ninguno. Les confieso que yo nunca he visto nada parecido pero en ese artículo se explicaba que la empresaria –una mujer pequeña y con mucho pecho– llevaba un vestido de punto que le marcaba las curvas y un escote en forma de «v» del que colgaba su acreditación. Ella fue, concluía el texto, su propia ruina. Su indumentaria era tan escandalosa que todos los hombres de la sala tuvieron durante la sesión la mirada fija en su busto y las mujeres, por el contrario, la desviaron. Así que, aun partiendo de la base de que todo es relativo, tenga presente lo siguiente:

- Evite las telas de rayas, cuadros pequeños y espiguilla porque darán una imagen distorsionada. Totalmente prohibidos los brillos.
- Los estampados muy llamativos, igual que las joyas, distraen al espectador.
- Los colores estridentes o demasiado claros –rojos, amarillos o blancos– están casi prohibidos. La mayoría de las veces contrastan demasiado con el decorado y no son fáciles de iluminar.
- Si es mujer, tenga en cuenta que las medias pueden ocasionar problemas de brillo. Si es hombre, no acuda jamás a un programa de televisión sin calcetines. Se corre el riesgo de que los espectadores estén más pendientes de las piernas que del discurso.

Son consejos fundamentales para la televisión pero también pueden servir para cualquier acto en el que no haya cámaras por medio. En ambos casos se trata, ante todo, de evitar que el espectador o el interlocutor se distraigan. Lo explica muy bien José Juan Rodríguez, director de estilismo de Canal Plus, cuando dice que lo importante, siempre, es el mensaje y que éste se puede poner en peligro llevando una corbata con dibujitos infantiles, una falda por encima de las rodillas, e incluso unos gemelos, unos tirantes o unos pendientes exagerados.

¿Cómo se acierta casi siempre? Reduciendo al mínimo los «complementos» y vistiendo un traje que será, preferiblemente, de color oscuro tanto en los hombres como en las mujeres. Ellas evitarán la manga corta y el mencionado escote y ellos utilizarán camisas azules o blancas y, desgraciadamente, tendrán que llevar corbata.

¿Por qué «desgraciadamente»? Porque, según José Juan, determinados convencionalismos aún no han desaparecido. Son los mismos que impiden llevar algo fuera de lo común. En el caso de los hombres porque la coquetería puede dar lugar a equívocos; en el caso de la mujer porque, además de lo anterior, se puede ver reducida su imagen de profesionalidad y seriedad. Hablamos, sobre todo, de Europa. En Estados Unidos quizá alguien se pueda permitir acudir con botas camperas a un Consejo de Administración o a dar una conferencia sobre la política del Banco Mundial con unas zapatillas deportivas. Pero aquí pocos lo entenderían. Y eso que cierto atrevimiento en el calzado es lo menos arriesgado porque nos diferenciará sin caer en la estridencia y porque casi nunca nos mirarán a los pies. Salvo que llevemos los zapatos rotos o sucios. En este caso nos mirarán, y mucho, y la efectividad de nuestro mensaje se habrá reducido a la mitad.

Huir del disfraz

¿Lo dicho hasta ahora significa acaso que no se debe aparecer en televisión con una americana de espiguilla porque distorsiona la imagen y despista al espectador? Es lo más conveniente. Claro que son muy pocos los que aparecen en televisión. La mayoría de ustedes se tendrá que enfrentar a un auditorio, a sus compañeros, a sus clientes, a sus jefes... o a sus alumnos... o tendrá que dar una conferencia sobre un tema que domine. En cualquiera de esos casos ¿qué hay que ponerse?

Como nos decía Roberto Verino, lo principal es ser uno mismo, pero claro, procurando adaptarse a las circunstancias. Hemos visto que uno no se puede poner cualquier cosa para hablar en público, aunque también es verdad que seguir las normas básicas que he mencionado no debe significar un sacrificio de nuestra personalidad y nuestra naturalidad.

X

PROFESIONES DRAMÁTICAS

En el capítulo dos hicimos una breve alusión a las diferencias históricas entre nuestra oratoria y la de otros países próximos. No dijimos, sin embargo, que nuestra oratoria parlamentaria no arranca del XVII, como la inglesa, ni se ve reforzada por una revolución anticlerical y burguesa como sucedió en Francia. La falta de ambos antecedentes explicaría en parte el evidente déficit español en la utilización de la palabra. A finales del siglo XVIII, el jurista Melchor Gaspar de Jovellanos desarrollaba sus ideas sobre la educación en su *Memoria sobre el arreglo de la policía de espectáculos y diversiones públicas*. El texto defendía la reforma de las academias y escuelas para actores de tal modo que no sólo servirían para formar a los que quisieran dedicarse al teatro sino también para ilustrar a las elites en el buen uso de la palabra.

Aquella memoria se escribió en 1790 pero no fue publicada hasta 1812. Entre otras razones porque, durante esos años, Jovellanos fue encarcelado por su lucha contra la Inquisición y sus ataques a la propiedad eclesiástica. Mientras sucedía esto en España, Napoleón encontraba un hueco en su doloroso cerco a Moscú para firmar el decreto de creación de la Comédie Française. Los franceses apostaban no sólo por una escena fuerte sino también por que en ella se notase el peso de la lengua. En nuestro país no se pondrá en marcha nada parecido hasta la II República y, por si hubiera sido poco el retraso acumulado hasta entonces, la guerra civil y los años del franquismo supusieron un nuevo traspiés.

El actor y director de teatro José Luis Gómez me explicaba, con tono de cierta amargura, que la guerra civil y la represión posterior privaron a España de una educación laica y vertebradora. Aquellos que debieron ser los maestros –Margarita Xirgu, García Lorca, Buñuel– fueron fusilados o, en el mejor de los casos, se exiliaron. Las consecuencias de esto las padecieron no sólo los actores, los poetas o los cineastas, sino la población en general y los políticos en particular. No se podía crear escuela porque en las Cortes franquistas no interesaba la oratoria. No había que convencer a nadie. Nadie tenía que vencer ni corría el riesgo de ser «vencido» con el arte de la palabra porque no existía la oposición.

Y las cosas no son muy diferentes, en cierto sentido, en las Cortes actuales. Ya he explicado cómo en el Congreso, justo ahora, los diputados tampoco necesitan convencer con sus discursos y buscan ante todo el titular, tal como apuntaba Federico Trillo. Digan lo que digan, sus señorías, nunca conseguirán que modifiquen su voto aquellos parlamentarios de otro grupo y, en cambio, sí tendrán asegurado el apoyo de sus compañeros de partido. Además, por mucho que nos esforcemos, jamás llegaremos a ser como Manuel Azaña, para muchos el último de los grandes oradores de este siglo. Pero eso no significa que podamos renunciar a hablar bien, porque la gente lo sigue apreciando y, sobre todo, porque, como ya se ha dicho, tendremos que utilizar cada vez más la palabra como herramienta en nuestra profesión. Un profesor tendrá que mostrar autoridad ante sus alumnos, un directivo habrá de empujar a su equipo, un vendedor ganarse al cliente y un abogado se verá en la tesitura de convencer a un juez o, lo que es aún más duro, a un jurado popular. ¿Quiere esto decir que existe una oratoria del derecho, otra de la enseñanza, una más del marketing y así tantas como profesiones hay que se sirven de la palabra? Por supuesto que no. O puede que sí. Depende de cómo se mire.

Los griegos –de nuevo volvemos a la Antigüedad– insistían en dividir la oratoria en sagrada, política y forense, y con estas tres clases pretendían abarcarlo todo. Sería demasiado simple mantener esta clasificación en un mundo tan complejo como el actual. De la misma forma resultaría ridículo defender que existen mil clases de oratoria. Pero sí es posible sostener que los discursos cambian en función de la profesión porque cambian también los intereses, las motivaciones, la preparación y el poder de los que hablan y de los que escuchan. El discurso de un profesor raramente se parecerá al de un político y el de un académico será muy diferente al de un médico.

El psiquiatra Luis Rojas Marcos, responsable de Salud Mental de los hospitales públicos de Nueva York, defiende a capa y espada la importancia que tiene que el médico se sitúe en el lugar del paciente. Y para ello, por encima de todo, ha de saber escuchar. «El médico que no escucha», me decía, tendrá graves problemas. Como los tendrá, y también muy graves, si engaña al enfermo.

Hace ya muchos años que en Estados Unidos comenzó a extenderse la idea de que el paciente que conoce de verdad lo que le sucede coopera más con su médico y, por el contrario, colabora mucho menos si se le miente. El enfermo engañado, según esta teoría, apenas luchará por curarse porque, tal como refleja la novela de Tolstoi *La muerte de Iván Ilich*, lo que más duele al moribundo es la conspiración del silencio. Una teoría que, según Rojas Marcos, aún sorprende en España, donde existen bastantes partidarios de contárselo todo a la familia sin que el enfermo sepa que lo que padece de verdad es un cáncer.

¿A dónde quiero llegar con esta especie de tratado de psicología de la medicina? A que el médico ha ser claro y directo. Deberá partir de lo general para terminar en lo específico y habrá de esforzarse por comunicar bien a pesar de que nadie se lo haya enseñado en la universidad, donde se preocupan únicamente de formar buenos científicos y no grandes humanistas.

Aun así, admitiendo la importancia de la confianza de un paciente en su médico para alcanzar la curación final y de la relación que existe entre esa confianza y la forma de hablar, hemos de reconocer que lo que más nos importa de un médico, por encima de que hable bien, es que nos cure. Por lo tanto, su discurso, su tono y su vocabulario no tendrán nada que ver, por ejemplo, con los de un político cuyo futuro profesional depende mucho más de su oratoria.

Izquierdas, derechas y otras estrategias

Lo sabe muy bien el portavoz de Coalición Canaria en el Congreso, José Carlos Mauricio, considerado uno de los mejores oradores de la Cámara aunque en realidad no lo sea, según dice él mismo. ¿Cuál es su secreto? El propio Mauricio confiesa que intenta siempre diseñar un discurso con una «arquitectura» muy clara basada en cuatro o cinco conceptos que luego va desarrollando. Es como dividir una casa en cinco habitaciones –dice– y luego amueblarlas una a una. Un método, según él, lleno de defectos pero que recibe muchos aplausos sobre todo por la espontaneidad. Porque no lleva papeles, utiliza un lenguaje claro, escucha a los intervinientes que le han precedido y hace alguna referencia a ellos con lo que su discurso gana en frescura. Con esa mezcla, «su público» le perdona posibles errores e incluso que desarrolle sólo tres o cuatro puntos de los cinco que anuncio al principio.

Todo esto sin contar que Mauricio se considera de la vieja escuela, de aquel grupo de parlamentarios que se esfuerzan sobremanera en conseguir una visión global de la política porque «la política no es especialización». Tener esta visión global –dice el canario– es lo que da brillantez a sus intervenciones y con lo que consigue el reconocimiento de sus compañeros y de otros muchos ciudadanos ajenos a la vida pública, que le escriben casi a diario para felicitarle por sus discursos «entendibles y alejados de la crispación». Claro que estas cualidades son relativamente sencillas en su caso: el del portavoz de un grupo que no es alternativa de poder y que, por lo tanto, se puede permitir el lujo de elaborar un discurso medianamente crítico pero manteniendo siempre las formas. Así, con esta combinación de «palo y zanahoria», consigue Mauricio lo más importante a la hora de justificar la presencia de Coalición Canaria en el Congreso: una mejoría económica y social para las islas.

Quizá esto explicaría que Mauricio sea muy alabado por algunos ciudadanos de a pie y por los periodistas parlamentarios pero no tanto por los demás diputados que consideran que es relativamente sencillo mantener actuaciones como las suyas: poco agrias y muy cortas en el tiempo en función de lo dispuesto en el reglamento del Congreso para los grupos minoritarios. ¿Acaso es lo mismo «improvisar» un discurso de diez minutos que uno de cuarenta y cinco? ¿O es que es igual defender una política de pactos –de tira y afloja– que intentar echar por tierra, una a una, todas las actuaciones del gobierno como hacía, por ejemplo, Julio Anguita?

El antiguo Coordinador General de IU nos confesaba que sí se escribe palabra a palabra los discursos y que lo más le preocupa es captar inicialmente la atención del auditorio, lo que él mismo llama «prender el ánimo», para ir después, poco a poco, encadenando juicios y reflexiones. Una técnica que tiene muy poco que ver con ese gusto actual, ya comentado aquí, por el flash y el mensaje-titular. A lo que hay que añadir que Anguita mantiene que los discursos de la derecha son diferentes a los de la izquierda.

Los primeros, según él, apelarían a los sentimientos, al sentido común, se limitarían a exponer una serie de hechos más o menos probados que convenzan y tranquilicen a la población. Los segundos, los discursos de la izquierda, tendrían una función más clarificadora. Su objetivo sería la reflexión y la persuasión de forma que el destinatario se viese empujado a actuar para defender una serie de valores. Por eso, según Anguita, cuando los parlamentarios de izquierda utilizan el insulto, le hacen un favor a la derecha.

Una teoría ésta, la de la derecha y la izquierda, que tiene poco que ver con la sostenida por el director de la Escuela de Letras, Alejandro Gándara, quien mantiene que todos los políticos españoles actuales recurren a la misma retórica que no es otra que la retórica marxista porque Marx, igual que Freud, se ha convertido en nuestros días en un «expositor inmejorable»: su retórica se diseñó tan evidentemente para convencer que consiguió que primara la forma y el modo de contar por encima del fondo de su doctrina. Así se explicaría que, salvando las distancias, González y Aznar –sin una escuela propia inmediatamente anterior por efecto de la guerra civil– construyan sus discursos de una forma parecida. Ambos buscarían, como Marx, una «filosofía social» acorde con los gustos y las apetencias del proletariado en ascenso; una filosofía y un discurso muy apropiados para conquistar el poder.

Ya se pueden imaginar que Anguita rechaza este análisis entendiendo que, al contrario que Aznar y González, sus mensajes no buscan perpetuar el orden establecido sino todo lo contrario, y que su actitud mental no es tan perezosa como la del resto. Y aún encontraría Anguita otra gran diferencia, especialmente respecto a los discursos de Aznar –según él, discursos de contable donde lo importante es el deber y el haber–: la teatralización, en el sentido griego del término.

No sería por lo tanto una teatralización para engañar ni fingir, sino para representar una especie de drama colectivo. Y eso sólo se puede realizar con ciertas dotes de actor. Es más, el ex coodinador general de IU se atreve a asegurar que se puede aprender a dominar la técnica de la relación causa-efecto y a construir discursos con cierta estructura pero que la capacidad de teatralización es algo natural, casi innato. Claro que no han de tomárselo al pie de la letra. En primer lugar porque tendrían que abandonar la lectura de este libro en este mismo instante. En segundo lugar, porque al decirme esto, Anguita no caía en la cuenta de que él mismo me había reconocido que su capacidad oratoria está relacionada en gran parte con su formación. A los estudiantes de magisterio de su época les enseñaban diferentes métodos para convencer y llegar al alumno. Lo cual no era otra cosa que enseñarles a enseñar, algo que ha desaparecido en las actuales Escuelas de Formación del Profesorado. Y eso pese a que sí existe una comunicación realmente complicada, en la que si alguien se sitúa casi a diario al borde del desastre, ése es el profesor porque se tiene que «enfrentar» a un público que, salvo excepciones, apenas tiene interés en lo que escucha.

Cualquier profesor, y también, aunque en menor medida cualquiera que va a dar una charla a un grupo de estudiantes, tiene la sensación –lo que no ocurre con personas de nuestra misma edad o formación– de que el de la cuarta fila se puede levantar de su asiento, comenzar a insultarte y marcharse de la sala pegando gritos y animando a sus compañeros a que hagan lo mismo. Siempre se tiene miedo de no ponerse a su altura y por lo tanto no se sabe muy bien qué lenguaje utilizar: si el propio o el de ellos. Es más, suponiendo que se haya superado esta fase, y se haya optado finalmente por ponerse en su lugar, uno se tendrá que preguntar –y ahí viene lo difícil– cuál es el lenguaje de los jóvenes. Y acertar suele ser bastante complicado.

Desde que el mundo es mundo, el lenguaje de la juventud siempre ha sido un lenguaje marcado y específico, muy de grupo; y al mismo tiempo, desde que el mundo es mundo, los jóvenes han utilizado un segundo lenguaje. Una dualidad que no es sino el reflejo de su propia vida: en el momento en el que actúan como estudiantes o trabajadores mantienen el léxico oportuno, el que corresponde a ese momento. Cuando salen a divertirse, cuando van juntos, su vocabulario es mucho más reducido. Su mensaje tiene menos contenido porque manejan pocos conceptos.

Todo el mundo puede darse cuenta de que este segundo comportamiento influye directamente en el primero. O lo que es lo mismo, el joven que sale con sus amigos y sólo se preocupa por divertirse contamina al joven estudiante y responsable, entre otras razones porque el primero se siente respaldado por sus amigos. Estos le hacen ver que se enorgullecen de él porque ha trasladado el lenguaje del «clan» a su otro mundo, al de la «formalidad» de las personas «respetables».

Pero tampoco esto debe ser motivo de preocupación ya que suele desaparecer con el tiempo: la jerga propia de los jóvenes (diferente cada década e incluso cada temporada) va cayendo en desuso hasta que se olvida por completo. En ese sentido, es tranquilizadora la opinión del profesor Manuel Seco que me comparaba las expresiones juveniles con los espermatozoides. Y espero que me perdone por dar a conocer esta reflexión que me parece de lo más gráfica. ¿Estas expresiones son como los espermatozoides? Sí, porque son muchas las generadas por el hombre pero sólo una triunfa, sólo una consigue sobrevivir y llegar al final. Las demás, millones y millones, mueren por el camino. Y se atreve a decir el profesor que no sucede esto solamente con los términos jóvenes. Los médicos, para disimular o para deslumbrar, siempre han utilizado términos muy técnicos que no logran permanecer en la reserva del común de los mortales aunque sí hay excepciones como sucede con la palabra «analgésico», cada vez más utilizada por todo el mundo.

Pero no vamos a volver ahora a los médicos sino que seguiremos con los jóvenes. Hasta que se convierten en adultos y olvidan su particular y diferenciador vocabulario, hasta que determinadas palabras no mueren como vulgares espermatozoides, los miembros así denominados consiguen martirizar a muchos profesores que han de verles las caras día tras día.

¿Cómo preparar un discurso para unos alumnos de ESO o de universidad? Tengo un muy buen amigo que da clases en la universidad de París que sostiene que lo más importante para ganarse a sus alumnos es comenzar con una anécdota que resuma o ejemplifique lo que se va a contar. A partir de ahí, una vez que se les ha «enganchado», será más o menos sencillo que mantengan su atención, pero por lo menos tendrás una oportunidad. ¿Recuerdan como insistí páginas atrás en la importancia de un buen comienzo?

Consejos al profesor

Al margen de todo esto, y si acepta el consejo de alguien vinculado a la enseñanza sólo de refilón, tenga en cuenta lo siguiente a la hora de enfrentarse a un grupo de alumnos, sea como profesor o como conferenciante:

- Todos los que están ahí sentados saben mucho menos que usted.
- Lo que va a contar ha de ser oído casi por obligación. No tiene que esforzarse hasta el límite de la muerte por hacer un discurso brillante porque no les queda más remedio que permanecer sentados.
- Nunca, o casi nunca, le van a dejar en evidencia. Por respeto o por miedo. Al fin y al cabo es usted quien pone las notas.

Quizá le parezca esto un poco cínico pero son tres reglas de oro. Eso sí, tanto más útiles cuanta más edad tienen los alumnos. Serán mucho más respetados por estudiantes de 20 años que por niños de nueve o de catorce... Y si no, que se lo pregunten a los profesores de bachillerato que tanto se quejan ahora de los difícil que resulta mantener la disciplina del alumnado.

¿Qué se puede hacer para mantener la atención de estos estudiantes? Psicólogos y profesores, tan enfrentados en otros aspectos, coinciden en que no se debe hablar mucho más de 20 minutos. Es difícil que un niño sea capaz de mantener su atención más tiempo. Piense también –y no lo digo yo sino la mayoría de los pedagogos– que cuanto más pequeños son, más se han de tener en cuenta sus motivaciones o intereses. Es preciso saber qué cine ven, cuáles son sus cantantes favoritos, qué equipo de fútbol va primero en la liga y qué les pasa a sus ídolos del momento. Así podrá poner ejemplos relacionados con algo que ellos conocen y se habrá ganado su atención primero y más tarde su simpatía. Esto lo saben muy bien los profesores de idiomas que tanto empeño ponen en que se aprenda inglés, por ejemplo, a través de las canciones.

Si los alumnos son aún más pequeños –si no han llegado todavía al fútbol o no saben quién es Juan Perro– ha de cuidar especialmente sus movimientos, sus gestos, su entonación... Cuanto menos edad tengan, mayor ha de ser su capacidad «teatral» y cuando mayor sea ésta, más fascinación ejercerá usted entre ellos y por lo tanto más caso le harán y más les podrá enseñar.

Sean pequeños o grandes –y esto sí vale tanto para el colegio como para la universidad, aunque en esta última lo practiquen muy pocos– lo preferible es que hable primero con ellos para conocer qué es lo que saben y qué les interesa. Después podrá contar lo que quiera y no olvide, al final, hacer una especie de resumen de lo que ha sido la clase. O, en su defecto, si no se le revolucionan, mandar unos ejercicios para casa. Me puede decir que la única obligación de alguien que enseña es la de transmitir conocimientos y que por lo tanto sólo se le puede exigir que conozca la materia. Son bastantes los que piensan como usted. Lo que ocurre es que con esas ideas, aunque lleve muchos años dedicado a la enseñanza, ningún alumno recordará su nombre al cabo de unos cuantos años. Y si lo recuerda será siempre para mal.

En el capítulo anterior hablamos del vestido, de la relación entre indumentaria y discurso, pero hablando de profesores no podemos olvidar –quien se dedique a esto seguro que ya lo tiene en cuenta– que no hace mucho la ley de la enseñanza recogía también cómo habían de vestir sus profesionales. Esta ley requería que los maestros vistieran algo así como de forma «decorosa», lo cual no significa sino que un profesor ha de vestir teniendo en cuenta a sus alumnos y a los padres de sus alumnos. No me refiero que ha de comprarse su ropa según los gustos de unos o de otros porque cada padre y cada niño tendrán el suyo propio pero se entenderá muy bien lo que quiero decir si les recuerdo que un padre respetará muy poco a un profesor que va en chandal o camiseta y a una profesora que lleve minifalda. Les «tutearán» enseguida. Por lo que se refiere a los alumnos, difícilmente entenderán que su profesor se vista como ellos. Así no se logra la aproximación al alumno. Aunque a simple vista pueda parecer lo contrario.

Estará usted pensando que todos estos consejos no le sirven de nada porque no piensa dedicarse a la enseñanza. Lo que a usted de verdad le preocupa es hablar a sus propios compañeros, enfrentarse a sus «colegas» de trabajo: es gente que le va a evaluar no sólo en función de lo que dice –se supone que todos saben lo mismo– sino teniendo en cuenta en qué empresa trabaja usted, cuánto gana, cuántos ascensos ha tenido...

En este caso, y siento deprimirle, hay pocos consejos que dar. Colóquese el impermeable y aguante el chaparrón. Casi todos los que vayan allí ya tendrán una idea formada sobre usted. Eso sí, ni se le ocurra hablar en un lenguaje llano. Debe utilizar todos los tecnicismos posibles. No por pedantería, sino como forma de inspirar respeto. Si no lo hace así pensarán que es usted un ignorante, que no sabe de lo que habla y que cualquiera de los presentes puede ocupar su puesto. Y le advierto que muchos de ellos lo pensarán incluso aunque lo haga bien.

La realidad tiene muy poco que ver con la mayoría de las películas norteamericanas en las que un recién llegado a la empresa asombra a los miembros más veteranos de un consejo de administración. Y no sólo porque sea una película, sino, y sobre todo, porque es una película americana y allí, en Estados Unidos, existe una tradición «oratoria» inexistente en nuestro país. No es que los americanos no tengan sentido del ridículo, como suele afirmarse. Es que desde pequeños se les enseña a encauzar y vencer determinados miedos. Como ya hemos mencionado, no hay más que ver la diferencia entre un americano y un español cuando se les acerca un micrófono y una cámara de televisión por la calle. El primero casi siempre se parará y dirá lo que piensa. El segundo casi siempre saldrá corriendo.

Revolución en el derecho

En la misma línea que los estadounidenses, los ingleses hasta tienen reservado un rincón en High Park donde cada uno puede decir lo que quiere los domingos por la mañana. En Estados Unidos no llegan a tanto pero hacen discursos públicos a la más mínima oportunidad: en las fiestas, en los funerales, en los institutos, en la universidad..... Por poner un ejemplo que cada vez nos resulta más familiar a los españoles, incluso los abogados tienen que prepararse de una determinada forma hasta ahora desconocida en nuestro país: han de convencer no sólo a un juez, que utiliza el mismo lenguaje y tiene los mismos conocimientos que ellos, sino a un jurado popular.

La figura del jurado popular, que apenas cuenta en nuestro país con cinco años de antigüedad, supuso toda una revolución para el mundo del derecho. Y aunque la decisión de este tipo de jurados no es vinculante como sucede en Estados Unidos, defensores y acusadores se han planteado cambiar la forma de preparar sus intervenciones. Claro, que se ha quedado sólo en eso, en un planteamiento. Incluso el Consejo General del Poder Judicial defiende la vulgarización, bien entendida, del derecho para que los jurados puedan comprender mejor a los magistrados presidentes, al fiscal o a los abogados pero en la Escuela Judicial de Barcelona, por la que han de pasar todos los jueces que han aprobado la oposición, apenas le dedican unas horas a la materia «técnica de comunicación y apelación».

José Antonio Martín Pallín, magistrado del Supremo y coordinador de un libro sobre la Institución, me reconocía que él también estaría a favor de determinada «normalización» del lenguaje pero con el convencimiento de que la oratoria, en contra de lo que pudiera parecer, no es tan importante en los procesos. Como mucho, dice, puede tener cierta influencia a la hora de establecer los atenuantes pero en ningún caso determinará si el acusado es culpable o inocente. Para esto último lo realmente decisivo es la existencia de pruebas.

Desde el altar

¿Se nos olvida algún colectivo? Por supuesto que sí pero no se trata de mencionar a todos aquellos que alguna vez han de dirigirse a un auditorio. A pesar de ello no quisiera pasar por alto a aquellos que durante muchos siglos han tenido una influencia decisiva en buena parte de la sociedad y que aún la mantienen aunque buena parte de la población se declare no practicante. Son los sacerdotes.

Como ya vimos que sucede con los políticos o incluso con los profesores, tampoco los sacerdotes de hoy en día tienen nada que ver con los de hace cincuenta años. El teólogo Enrique Miret Magdalena me decía que se oyen homilías tan catastróficas que hasta da pena acudir a misa. Lo peor, en su opinión, es que los sacerdotes han perdido el sentido de la realidad y no conectan con los ciudadanos de ahora. Antes hacían reflexionar e incluso discutir con otros fieles; ahora uno sale de la iglesia y no le dedica ni un minuto a pensar sobre lo que le han dicho porque desde el púlpito no se ha hecho referencia alguna a los problemas actuales de la sociedad. Se mencionan una y otra vez las cuestiones morales pero se olvidan las preocupaciones que tienen los ciudadanos en su día a día.

Miret Magdalena, presidente de la Asociación de Teólogos Juan XXIII, relaciona esa desconexión entre ciudadanos e Iglesia con el conservadurismo de los religiosos que prefieren no arriesgar para evitarse cualquier enfrentamiento con el Vaticano. En última instancia, por lo tanto, según él, la responsabilidad la tendría Roma que, ante la «revolución» que supuso el Concilio II, decidió cortar de raíz determinadas prácticas e ideas en su opinión demasiado avanzadas.

Un buen ejemplo de cómo se habla ahora en las iglesias podría ser cualquiera de los discursos de Juan Pablo II, quien dice sólo lo que piensa y cuyos mensajes no reciben demasiada atención, como prueba el hecho de que cualquiera de sus viajes se convierte en noticia y ocupe titulares de prensa antes de haberse realizado y sin embargo sus palabras, e incluso sus encíclicas, se olvidan a los cinco días de haber salido a la luz.

> Queridos jóvenes de los Estados Unidos: ¡Alabado sea Nuestro Señor Jesucristo! Su calurosa y entusiasta bienvenida me ha hecho muy feliz. Me dice que esta noche el Papa pertenece a ustedes. Acabo de estar en Ciudad de México para celebrar el cierre del Sínodo de Obispos de América. Allí tuve la dicha de estar con varios miles de jóvenes. Y ahora, mi dicha continúa aquí, con ustedes, la gente joven de St. Louis y de todo Estados Unidos. Estamos reunidos esta noche para escuchar a Jesús hablarnos a través de Su Palabra y el poder del Espíritu Santo. Acabamos de escuchar a Pablo el Apóstol decirle a Timoteo, su joven compañero evangelizador: «ejercítate en la piedad». Estas palabras son importantes para todo cristiano (...).

Nada que ver este discurso pronunciado por Juan Pablo II en México en enero de 1999 con alguna de las conferencias cuaresmales del jesuita José A. de Laburu a comienzos de los años cuarenta:

> Señores, es un tema el de esta conferencia, que puede suscitar diversos pareceres. Los defectos en la Iglesia ¡qué imprudencia, a qué vendrá el traer al público asuntos de esta índole!, dirán unos. Los defectos de la Iglesia, qué in-

> teresante, a ver si nos enteramos, confesado por los mismos católicos, de las lacras que existen en la Iglesia!, dirán otros. Unos temen al tema. Otros se regocijan con el tema. Y, en este tema, señores, «los defectos de la Iglesia», ni hay motivo de temor, ni motivo de regocijo...(...). Los defectos de la Iglesia fueron repetidísimas veces objeto de las predicaciones de Jesucristo (...).

Decía Donoso Cortés, representante de la derecha más pura del XIX, que en la Biblia están escritos los anales del cielo y de la tierra y del género humano y que en ella se contiene lo que fue, lo que es y lo que será.

XI

EL SEXO PÚBLICO

Como en todas las Iglesias de los santos, las mujeres cállense en las asambleas; que no les está permitido tomar la palabra (...) es indecoroso que la mujer hable en la asamblea.

SAN PABLO, Primera epístola a los Corintios

¿Alguien se puede imaginar a Carmen Alborch nerviosa por tener que hablar en público? Pues la ex ministra y diputada me confesaba, fuera ya del gobierno, que cuando fue llamada por Felipe González para ocupar la cartera de Cultura le dijo al entonces Presidente que le daba auténtico pavor tener que hablar en el Congreso de los Diputados. Hoy en día ya no le asusta tanto pero reconoce que aún le sigue impresionando. Si a una mujer con la fuerza y la soltura que aparenta la ex-ministra le impone cierto respeto hablar en público, ¿qué le sucederá a miles y miles de mujeres con mucha menos experiencia?

Muchas de ellas tendrán ganas de echar a correr. Pero no se engañen los varones. Su miedo o su hipotética torpeza no vendrá determinada por su condición de mujer porque será el mismo miedo y la misma torpeza que sienten miles de hombres.

El ya mencionado Enrique Tierno, apuntaba en un bando de 1983 con motivo de los Carnavales que aún contradiciendo al filósofo Aristóteles, había que perder la vieja idea de que sea la mujer varón menguado. «Puede ser contradicha sin ambages ni rebozos esta opinión con la larga experiencia que enseña que vale la mujer tanto como el hombre vale en cuanto atañe a las facultades de la inteligencia», decía.

Una aclaración innecesaria y sobre todo tardía teniendo en cuenta que ya en el siglo XVII doña María de Zayas y Sotomayor se preguntaba qué razón había para que «ellos sean sabios y presuman que nosotras no podemos serlo». Y se respondía ella misma que «si en su crianza las mujeres recibieran libros y dispusieran de preceptores en lugar de bastidores serían tan aptas para los puestos y para las cátedras como los hombres».

Concepción Dancausa, ex presidenta del Instituto de la Mujer y actual Secretaria General de Asuntos Sociales, recuerda que, en su época de estudiante (desde la que han pasado sólo unos treinta años) eran relativamente pocas las jóvenes que accedían a la universidad y menos aún, obviamente, las que ocupaban puestos de responsabilidad, con lo que pueden ser normales, en su opinión, ciertas deficiencias de la mujer a la hora de hablar en público. El único motivo es que han practicado menos que los hombres. Eso sí, según Dancausa, tantos años de discriminación han servido para que, en igualdad de condiciones, cualquier mujer sea capaz de desenvolverse sin problemas en un ambiente mayoritariamente masculino, al contrario de lo que les sucede a muchos hombres que, acostumbrados a llevar la voz cantante, se muestran nerviosos o al menos inquietos si han de dirigirse a un auditorio formado casi en su totalidad por mujeres.

El caso es que hasta bien entrado el siglo XVIII no se hace extensiva cierta preocupación entre los intelectuales por la formación de la mujer y habrá que esperar hasta finales del XIX para que Francia, el país de la Libertad, la Fraternidad y la Igualdad, instaure la enseñanza primaria obligatoria para las jóvenes. Y el sufragio universal no llegará hasta 1947. No es de extrañar por lo tanto que las mujeres de hoy en día digan una y otra vez que la suya fue (y utilizo el pasado porque ya estamos de una u otra forma en otro siglo) la gran revolución del siglo XX. Se lo he oído, por separado, a mujeres tan destacadas en la vida pública de nuestro país como la presidenta del Congreso, Luisa Fernanda Rudí, la científica Margarita Salas o a la historiadora Carmen Iglesias. Y la prueba es que en buena medida ellas se han convertido en noticia por haber sido las primeras en ocupar ciertos puestos o asumir determinadas responsabilidades.

Luisa Fernanda Rudí, ex alcaldesa de Zaragoza, se ha convertido en la primera mujer que ocupa la presidencia de la Cámara Baja de nuestro país. En abril de 2000 pronunciaba su primer discurso como presidenta en la Sesión Constitutiva de la VII Legislatura y no quiso pasar por alto la cuestión. Al final de su intervención recordó que son muchas las mujeres que aún no han conseguido integrarse en el funcionamiento de la sociedad en condiciones de igualdad con el hombre y que aún queda mucho trecho que recorrer hasta alcanzar la ansiada igualdad real.

Aceptado el avance de la mujer en el siglo XX y reconocido el trabajo que aún resta por hacer, uno se pregunta si la gran revolución ha llegado también al mundo de la oratoria: si hablan igual hombres y mujeres. La respuesta es que no y la única explicación, con multitud de matices que veremos más adelante, es que durante mucho tiempo las mujeres no han tenido posibilidades de expresarse en público y, por lo tanto tienen que vencer, aún hoy, determinadas resistencias e incluso ciertas inseguridades propias. El filósofo español Juan Luis Vives, del que siempre se alabó su espíritu humanista, defendía en el siglo XVI que «no parece bien que la mujer regente escuelas, ni alterne con varones, ni hable en público (...) En las reuniones esté con los ojos bajos, vergonzosa y callada, de forma que la vean, sí, algunos, pero no la oiga nadie».

El giro femenino

La directora del Instituto de la Lengua Española del CSIC, Pilar García Mouton, doctora en Filología Románica, publicó en 1999 *Cómo hablan las mujeres*, un interesantísimo trabajo en el que reconoce la existencia de ciertos giros propios de las mujeres o más utilizados por ellas:

- Introducciones banales: no sé si será verdad, yo de esto no sé mucho, no sé que pensarás tú pero yo creo que...
- Fórmulas de apoyo: ¿no crees?, ¿verdad?, ¿no te parece?
- Lenguaje infantil: despacito, mami, chiquitito, suavecito...

García Mouton, cuya obra habla también de tono e incluso de pronunciación, viene a decir que muchos de estos giros tienen que ver con la necesidad inconsciente que aún sentiría la mujer de pedir permiso para hablar en público. Algo así como si tuviera miedo, también inconsciente, de molestar por sus conocimientos.

Cristina Alberdi, ministra socialista de Asuntos Sociales del 93 al 96 y fundadora del colectivo jurídico feminista, me contaba cómo ha notado en muchas ocasiones que sus auditorios, aún con presencia mayoritariamente femenina, se han admirado a veces de que no se equivocase, de que no se pusiera nerviosa o de que se lo supiera todo «tan bien». Su experiencia es que aun diciendo lo mismo que un hombre, a una mujer se la mira de forma diferente y se la escucha de forma diferente. E incluso de vez en cuando, ni se la escucha.

Quizá por eso la mujer puede recurrir de forma inconsciente a la utilización del lenguaje como una forma de seducción y puede mostrar una mayor amabilidad a la hora de pedir algo o dar instrucciones. En el primer caso sería la seducción propia de quien siente que su opinión es menos importante. En el segundo, el uso de un tono más suave, un lenguaje indirecto o formas menos dominantes, reflejaría una necesaria amabilidad propia de aquellos a quienes la sociedad nunca les ha permitido ni altanerías ni brusquedades. Aquellos menos favorecidos.

¿Podría tener esto algo que ver con el estereotipo de la mujer charlatana que habla de forma rapidísima? En el año 97, el escritor Rezvani reflexionaba en el diario *Le Monde* sobre la dominación y el discurso político y llegaba a la conclusión de que todo aquel que tiene poder se recrea en el uso de la palabra mientras que aquellos que no lo tienen son conscientes de que su tiempo es limitado y por lo tanto han de atropellarse para poder decir todo aquello que consideran imprescindible. Sería, en palabras de Rezvani, la larga historia del «verbo acaparado».

Sin hacer referencia a este artículo de *Le Monde*, Carmen Alborch da en el clavo cuando asegura que las mujeres utilizan un lenguaje más directo, con menos circunloquios, y que desde luego pierden menos el tiempo no como muchos hombres que a veces toman la palabra sólo para hacerse los importantes. La ex ministra respondía así a estas otras preguntas:

P.: ¿Las mujeres hablan más a gusto cuando el auditorio es mayoritariamente femenino?

R.: Se establece más complicidad. Es más fácil que una mujer conecte con un auditorio formado sólo por mujeres pero, aun así, hay que estar igualmente pendiente de su reacción, de si se aburren o hablan entre ellas o, por el contrario, te están prestando verdadera atención.

P.: ¿Qué pasa cuando el auditorio es totalmente masculino y la conferencia corre a cargo de una mujer?

R.: Sucede muy pocas veces. Ni siquiera en la universidad llaman a una mujer para que dé una conferencia ante un auditorio sólo masculino... A pesar de que hay más mujeres que hombres en las universidades, la investigación, la economía, la política o la literatura cuentan con más presencia masculina.

P.: ¿Las mujeres construyen un discurso diferente al de los hombres?

R.: Aunque he visto a muchas dar la misma conferencia que habría dado un hombre pero con distinta voz, las mujeres siempre hablan o escriben como mujeres.

Espido Freire, la reciente ganadora del Premio Planeta, se echaría las manos a la cabeza ante semejante afirmación. Sí reconoce que existe un «espíritu» femenino pero niega que este se refleje en la obra literaria. El gusto por los detalles, la falta de acción, la interiorización de los personajes y otras supuestas características femeninas, casi siempre enumeradas en tono peyorativo, son en su opinión adjudicables a muy pocas escritoras. O por lo menos, según Espido Freire, igual de frecuentes que en la escritura masculina.

Quizá, y esta es ya una opinión personal, la literatura iguala a hombres y mujeres más que el lenguaje. Le pregunté a Espido Freire si escribía de forma diferente a los hombres pero no le pregunté si hablaba igual que ellos. En este caso es posible que la respuesta hubiera sido otra por varias razones:

- La sociedad sigue premiando ciertos comportamientos lingüísticos en la mujer más que en el hombre: hablar suavemente, escuchar, no afirmar de manera muy tajante.
- Comparadas con hombres con su mismo nivel de preparación, las mujeres se preocupan por pronunciar mejor, evitar construcciones incorrectas y no utilizar palabras malsonantes.
- Las mujeres emplean con mucho menos rubor determinadas palabras o expresiones como diminutivos o vocativos cariñosos. Seguramente porque socialmente está mejor visto en ellas que en los hombres.

¡Hasta se ha llegado a afirmar que santa Teresa utilizaba habitualmente más diminutivos que san Juan de la Cruz! No lo digo yo. Son algunas de las conclusiones del ya citado libro de Pilar García Mouton en el que, además, aunque de forma muy velada, se hace una referencia a la superioridad verbal de la mujer que yo apuntaba en el capítulo cinco como una de las razones que podrían explicar su mayor velocidad en el discurso.

Cerebros iguales

Nuestro cerebro se encuentra dividido en dos partes: los hemisferios derecho e izquierdo, cada uno de ellos está especializado en diferentes funciones de pensamiento. Por decirlo de una forma sencilla, en el hemisferio derecho se producen y desarrollan los procesos mentales propios de la creatividad: la música, la pintura... e incluso el sueño. Hay quien sostiene que los artistas tienen más desarrollada esta parte del cerebro. El hemisferio izquierdo está especializado en cuestiones de números, proporciones y lenguaje.

¿Qué tiene que ver esto con la supuesta diferencia entre hombres y mujeres? Pues que aceptar la superioridad verbal femenina implicaría admitir igualmente que las mujeres están más dotadas para las matemáticas y menos para el arte o la música.

A esta relación entre el sexo y el desarrollo de uno u otro hemisferio, algunos autores como la antropóloga María Jesús Buxó responden que cualquier posible diferencia sólo tendrá que ver con la educación. A las niñas se les desarrolla más el hemisferio izquierdo porque lo trabajan más desde pequeñas fruto de una educación desigual. Por eso, en ellas, la parte izquierda alcanza la madurez a los dos años mientras que los niños han de esperar a los cinco y, también por eso, ellas empiezan a hablar antes que ellos. Los niños, según esta teoría avanzarían más en las habilidades visual/espaciales y sufrirían mayor cantidad de trastornos relacionados con el lenguaje. Las diferencias estarían por lo tanto más relacionadas con factores culturales que congénitos.

XII

ERRORES DE BULTO

Los grandes errores pertenecen a hombres
de gran entendimiento.

FRANCESCO PETRARCA

A comienzos del 2000, y al más puro estilo americano, 58 equipos de otras tantas universidades de nuestro país se enfrentaron por primera vez en una especie de campeonato de oratoria. Un jurado iba valorando, encuentro a encuentro, las habilidades de cada equipo para investigar, preparar y finalmente argumentar determinadas posturas en público. El equipo vencedor, integrado como el resto por cinco alumnos, fue el Centro Universitario Francisco de Vitoria, de Madrid.

El capitán del equipo, el profesor de Formación Humanística Javier Mula, está convencido de la utilidad de estos campeonatos a la hora de paliar las dificultades de comunicación de los jóvenes que, según él, serían en su mayoría casi incapaces de expresar con palabras un pensamiento abstracto. Por eso se empeña en enseñarles a hablar en público no sólo como capitán del equipo, sino como coordinador de la Sociedad de Debates que lleva funcionando ya unos años en el Francisco de Vitoria y que nació siguiendo el modelo de los países anglosajones.

El equipo del Francisco de Vitoria (tres chicas y dos chicos) consiguió vencer en la final a la Universidad de Salamanca en una prueba en la que ambos grupos debían hablar de la inmigración y los brotes de racismo surgidos en España. Nos decía Javier Mula que sus alumnos cumplieron al pie de la letra, antes y durante el encuentro, el «manual del buen orador». Los puntos básicos de este manual pueden ser los siguientes:

- Realizar una buena investigación inicial para conseguir dominar del tema.
- Ensayar mucho para practicar los movimientos sobre el escenario, la improvisación de argumentos y la reacción ante algún elemento sorpresa.
- Repetir ejercicios de síntesis para no alargar innecesariamente una intervención. No se deben emplear diez minutos para contar algo que se puede decir en cinco.
- Llevar a cabo actividades de distracción durante el día previo a la competición.
- Trabajar permanentemente para eliminar el sentido del ridículo.

Es de suponer que los derrotados, los estudiantes de Salamanca, habrían seguido igualmente cada una de estas recomendaciones. ¿Qué fue por lo tanto lo que les hizo perder? Según el profesor Mula, su gran error fue descalificar groseramente a su adversario hasta llegar casi al insulto. El equipo salmantino, que era el encargado de argumentar a favor de la inmigración, llamó «nazis» a sus contricantes y los relacionó con los cabezas rapadas. El jurado debió de sentirse molesto por sus continuas e innecesarias descalificaciones y su falta de respeto.

Un error parecido al cometido por el presidente de Navarra, Miguel Sanz, de UPN, que reconoce haber utilizado un tono demasiado ácido en un mitin celebrado en campaña electoral. Corría 1983 y todavía lo recuerda. Su rival más directo, el candidato del PSOE, había organizado el día anterior un acto parecido durante el cual se habían lanzado muy duros ataques contra Unión del Pueblo Navarro. Miguel Sanz, terriblemente molesto, preparó su intervención con el único ánimo de vengarse y perdió de tal forma los papeles que él mismo califica hoy en día de «impresentable» su intervención. Aunque resultó elegido como parlamentario y alcalde de Corella, nunca jamás ha vuelto a utilizar el insulto.

Claro que para error imperdonable en campaña electoral, el cometido por el escritor peruano Mario Vargas Llosa que, a comienzos de los 90, en plena carrera para la presidencia de su país y con el entonces candidato a presidente Alberto Fujimori como contrincante, confundió un pueblo con otro y lanzó vivas a Paita y a sus habitantes cuando en realidad se encontraba en Suyana. Vargas Llosa nos reconocía que, al caer en la cuenta de su error, sufrió una terrible sensación de angustia aunque, al mismo tiempo se justifica a sí mismo advirtiendo que tenía que ofrecer hasta cinco y seis mítines diarios y que muchas veces se veía obligado a utilizar, en lugar del castellano, la lengua ketchua que jamás pudo dominar. Además, el escritor recuerda con cierta amargura que sus asesores le recomendaban una y otra vez que no hablase de temas considerados demasiado abstractos, como la democracia, y que utilizase un vocabulario elemental. Estaban convencidos de que la edad mental media de los asistentes a los actos políticos no superaba los diez años. Jamás he estado en Perú y por lo tanto no sé si las cosas han cambiado. Pero resulta evidente que esa característica no es extensible ni mucho menos a todos los auditorios.

Unos cuantos años antes de la experiencia de Vargas Llosa, en el 77, el diputado socialista Joaquin Leguina saltaba también a la arena política y comprobaba que los cines se llenaban de ciudadanos preparados y ávidos de información. No recuerda Leguina que haya tenido problema alguno en un mitin por culpa del público o de su propio cansancio pero sí nos mencionaba dos situaciones especialmente delicadas: una siendo ya presidente de la Comunidad de Madrid. La otra, bastante tiempo antes.

Como Presidente, Leguina llegó a trabarse en pleno discurso ante una delegación procedente de Francia. Comenzó hablándoles en francés y en un momento dado tuvo que cambiar al español porque era incapaz de pronunciar dos palabras seguidas. Él lo achaca, no a los nervios, sino a la excesiva confianza que le hizo creer que aún dominaba el francés como en épocas anteriores. Su segundo «patinazo», anterior a éste, se produjo en un acto político en el que le precedió en el uso de la palabra un antiguo militante del partido, ya fallecido, llamado Sócrates Gómez. Con un estilo propio, según Leguina, de los tiempos de la República (de nuevo aparece la añoranza por aquella oratoria) el viejo socialista encandiló de tal forma al auditorio que el ex presidente madrileño, acomplejado y temoroso de no estar a su altura, pronunció a continuación un discurso «regular tirando a malo». Y eso que él pasa por ser un buen orador que ya con 15 años fue elegido por su profesor de filosofía para que diera una conferencia a un grupo de alumnos de un curso superior sobre Ortega y Gasset y la importancia de *La rebelión de las masas*. En aquel entonces Leguina no fracasó porque, según insiste él mismo, formaba parte del equipo de fútbol del colegio y cualquier jugador contaba con un plus de respetabilidad que le protegía frente a posibles abucheos. Pero es que además él mismo encuentra otra razón quizá más poderosa: llevaba su intervención escrita palabra por palabra y en ningún momento se apartó del texto.

El aplauso fácil

¿Es aconsejable leer al pie de la letra cualquier discurso? En capítulos anteriores ya hemos visto justo lo contrario. Pero también hemos insistido en que sí es conveniente llevar una especie de guión que nos dé seguridad y nos proteja de un posible lapsus. El escritor Antonio Gala cuenta que, siendo sólo un adolescente, fue elegido para pronunciar una conferencia sobre el existencialismo en un local de Córdoba. Tan seguro estaba de sí mismo que se atrevió a doblar las notas que llevaba en la mano e incluso hizo con ellas una pelotilla que se le escapó y fue a parar al obispo que se encontraba entre los asistentes.

Bromas aparte, y como no todos tenemos esa soltura aparentemente innata, recuerde uno de los muchos consejos ya recogidos en páginas anteriores: llevar siempre un guión escrito por usted mismo. Lo hace siempre alguien con tanta experiencia a la hora de hablar en público como Antonio Gutiérrez. El ex secretario general de Comisiones Obreras reconocía que jamás lee un discurso al pie de la letra pero que rara vez se dirige a un auditorio sin un esquema de lo que quiere decir. La improvisación constituye pues uno de los grandes errores de cualquier orador a juicio de Gutiérrez quien, sin embargo, señala otros dos fallos quizá más importantes: la preocupación por el aplauso fácil y la abstracción retórica.

Recuerda el veterano sindicalista que un antiguo dirigente de CC.OO. ya fallecido, Carlos Elvira, le contaba cómo una vez asistió en el pueblo de Torrelodones a un mitin del Frente Popular. Al salir del acto alguien le preguntó por lo que habían dicho los oradores (Largo Caballero y Dolores Ibárruri entre otros) y él contestó que no lo sabía pero que había aplaudido hasta hartarse. Un ejemplo, dice Gutiérrez, de lo que no debe hacerse con un auditorio. Califica incluso de «canallada» buscar el aplauso fácil enfervorizando a las masas porque esa técnica esconde casi siempre el deseo de que aquellos que nos oyen se vayan contentos a casa pero sin haber recapacitado lo más mínimo. El silencio, que tanto ayuda a la reflexión, no debe ser despreciado.

Este primer defecto, el de la búsqueda del aplauso fácil, está muy relacionado con el segundo, la excesiva abstracción retórica, que algunos colectivos como el de los políticos han transformado en virtud. Nos decía Antonio Gutiérrez que los políticos son expertos en hablar mucho sin comprometerse e incluso, si se comprometen, en encontrar todo tipo de argumentos para justificar sus incumplimientos. Esto diferenciaría enormemente los discursos de un político y de un sindicalista. El político se puede permitir el lujo de lanzar brindis al sol. El sindicalista se tiene que ver al día siguiente a los trabajadores que le van a recordar sus promesas.

¿Es Gutiérrez el orador perfecto? Muchos pensarán que sí pero él reconoce que lo pasaba especialmente mal la víspera de cada 1 de mayo, Día del Trabajo. Semanas antes comenzaba a ordenar mentalmente las ideas, pero hasta el mismo 1 de mayo no cogía lápiz y papel, pluma y papel para ser más exactos. Se levantaba a las seis de la mañana, elaboraba su guión y salía de casa acompañado por su mujer y su hija a las que no permitía que le dirigieran la palabra durante el camino para que no le apartaran de sus pensamientos. Incluso durante la tradicional manifestación por Madrid iba pensando en su discurso y no recobraba la tranquilidad hasta que se subía a la tribuna.

Pero con todo, Gutiérrez admite que su gran error es no calcular jamás el tiempo de su intervención hasta el punto de que ha pronunciado discursos superiores a la hora y media. Dice que se obsesiona con explicarlo todo con mucho detalle y no se da cuenta de que pasado cierto tiempo, cualquier explicación cae en saco roto.

El profesor Vallejo Nágera, psiquiatra del General Franco, contaba lo que ocurrió en Valencia en 1950. Era el primer congreso de medicina al que asistía y fue clausurado por el entonces ministro de la Gobernación. Muchos de los participantes aspiraban a lucirse en su presencia. El número de peticiones de palabra era tal que el presidente del congreso concedió seis minutos a cada uno de los oradores. El ministro había advertido, además, que tenía cierta prisa.

Todo fue bien hasta que llegó el turno de un erudito, que lo sabía todo sobre la historia del hospital en el que se celebraba el congreso. Subió al estrado con un paquete de folios y comenzó a relatar cómo funcionaba el hospital en el siglo XVI, detallando incluso cuántos reales de vellón se gastaban en papel higiénico en aquella época. A los seis minutos el presidente anunció con una campana que su tiempo se había agotado. El orador explicó que estaba a punto de terminar pero no sólo no lo hizo sino que continuó hablando durante cuarenta minutos más hasta que el presidente se levantó, le quitó los papeles y le ordenó que se sentara.

A pesar del incidente, y convencido de que había impresionado a los presentes con sus conocimientos, el erudito se atrevió a preguntar, cuando el ministro se había marchado, si había estado bien su intervención. El presidente le respondió que era un majadero, que había estado rematadamente mal y que cómo se había atrevido a robar a cada uno de los presentes cuarenta y cinco minutos de su precioso tiempo.

Será difícil que a usted le suceda algo parecido pero, aún así, procure recordar que en cualquier situación es imprescindible controlar la duración de su discurso o comentario si no quiere que le recuerden como el orador más pesado de la historia. Y tenga presente, por imposible que le pueda parecer ahora, que hablar en público puede convertirse en un vicio.

XIII

HABLA LA TRANSICIÓN

He visto a muchas personas que saben hablar, pero en absoluto a ningún orador.

MARCO AURELIO

A punto ya de terminar, y a pesar de haberme ocupado en anteriores páginas del temor a hablar en público, de sus manifestaciones externas y los posibles remedios, me atrevo a recoger ahora la opinión del catedrático de psiquiatría Carlos Castilla del Pino sobre aquellas causas profundas y casi siempre ocultas que explicarían nuestros miedos. No lo he hecho hasta ahora, a pesar de que es uno de los aspectos más sorprendentes de cuantos aparecen en este libro, porque me parecía, por qué no decirlo, que podría desanimar al lector. Pero llegados ya a este capítulo y después de haber insistido una y otra vez en que todos somos capaces de superar nuestra aparente incapacidad de hablar en público y de mejorar infinitamente nuestra oratoria, creo que la teoría de Castilla del Pino, lejos de contribuir a nuestro desánimo, puede ayudar a todos aquellos que se sientan especialmente desvalidos.

Asegura este catedrático de psiquiatría que la dificultad o imposibilidad para hablar en público va siempre unida al narcisismo: nos creemos casi perfectos y relacionamos la oratoria como un peligro. Entonces nos preguntamos cosas como «¿qué ocurrirá con mi imagen si fracaso?» o nos valoramos tan poco que tenemos la sensación de que todos nuestros defectos, los que nosotros ya conocemos, quedarán al descubierto. ¿Y si los demás se percatan de mis secretos?

El primer colectivo, el de quienes se gustan mucho a sí mismos pero sienten pánico de hablar ante los demás, se mezcla muy a menudo con el de aquellos que sí disfrutan mostrando sus buenas artes oratorias. La frontera entre unos y otros es tan permeable que hay sujetos que pasan del triunfalismo al hundimiento de un día para otro en función de si han sido capaces de cosechar muchos o pocos aplausos. Su nivel de autoestima fluctúa dependiendo de la impresión que ellos han obtenido de su propia intervención. No se sienten mejores que los demás pero estarán especialmente satisfechos consigo mismos si han sorteado el fracaso. Prueba superada.

El segundo colectivo lo formarían aquellos mucho más obsesionados por su inferioridad. Piensan que todo el mundo se percatará de su falta de preparación, su escaso sentido del humor, su dicción imperfecta... e incluso, y esto es lo más llamativo, de su aficiones «inconfesables» o pensamientos ocultos. Castilla del Pino me contaba el caso de una paciente que sufría de eritrofobia, una enfermedad que fue descrita el siglo pasado y que no es otra cosa que el temor obsesivo a enrojecer en público. Su miedo era tal, que sólo de pensarlo se ponía colorada al entrar en una habitación en la que hubiera gente o en cuanto notaba que alguien la estaba mirando. ¿Qué había detrás de su eritrofobia?: un hábito masturbatorio no aceptado. Esa no aceptación hacía que la joven enrojeciera al comprobar que los demás la miraban; pensaba que se lo notaban con sólo ver su cara y se sentía tremendamente vulnerable.

¿Qué hacer en estos casos? Lo aconsejable, según Castilla del Pino, es que un profesional indague en esa vulnerabilidad que puede estar relacionada con el sexo, con un sentimiento de culpa, con un complejo de inferioridad relacionado con el físico o con la capacidad intelectual. Si se busca y se trata el origen, la sensación de indefensión llegará a desaparecer. Pero no se confunda. El sentimiento de culpa o el complejo de inferioridad no derivan necesariamente en una menor habilidad para hablar en público sino que puede suceder todo lo contrario. Hay quien elige la vía de la oratoria para compensar otras insuficiencias reales o imaginarias. La palabra y el calor del público le servirían para olvidarse de sus traumas o sus miedos. Por eso, como decía yo unas líneas más atrás, todas estas reflexiones pueden servir para abrir los ojos o tranquilizar a muchos futuros comunicadores: un brillante orador puede «esconder» la misma o mayor cantidad de «secretos» que alguien con más dificultad para expresarse en público. Si el primero pudo superarlo, los demás también seremos capaces modificando nuestra conciencia de vulnerabilidad.

Cuentan que Antonio Maura, hijo de una modesta familia de comerciantes de Palma de Mallorca, era un hombre tan tímido y de palabra tan torpe que sus compañeros se burlaron de él cuando les anunció que había decidido irse a estudiar a Madrid. El político conservador, varias veces jefe de gobierno y figura clave en la España de comienzos de siglo, no sólo llegó a ser uno de los mejores oradores de las Cortes Españolas, sino que, como ya se ha dicho aquí, dedicó a la oratoria su discurso de ingreso en la Real Academia Española, en 1903.

Recuerda Antonio Maura en su discurso que le faltó libertad para cultivar su vocación literaria y que otras profesiones le llevaron a la práctica asidua de la oratoria. A propósito del miedo ante un auditorio, escribió:

> Si al pronto la turbación natural, que es una virtud, le hace pecar por encogida parálisis en la acción y timidez vacilante en la elocución, ello pregonará una modestia que le granjeará más simpatías que el braceo desconcertado, los gestos de repertorio y las travesuras fónicas de su garganta. (...) Un tropiezo hay en la senda de esta naturalidad que vengo encomiando. La oratoria no se aviene con el encogimiento, aunque en ella, como en todo, la modestia sea virtud simpática y privilegiada. Tomar la palabra es empuñar el timón, arrogarse, mientras se perora, la cura espiritual del auditorio; pretender comunicarle, imbuirle, casi imponerle, ideas o resoluciones que tal vez repugnaba, y no es humano que todo ello se procure y se alcance sin efectiva y vibrante convicción, y sin asumir cierto magisterio, muy ocasionado a las apariencias del orgullo o la pedantería; apariencias dañosas, pues suelen erguir fierezas individuales entre los oyentes, apartándoles de la persuasión que busca el orador (...).

¿La oratoria no se aviene con el encogimiento? ¿Los oradores han de comunicar y casi imponer sus ideas? Si nos referimos al parlamento español, lo han tenido y aún lo tienen más claro aquellos diputados y senadores de la «antigua escuela». Resultan evidentes las diferencias entre los discursos de nuestros primeros años de transición y los que se ofrecen ahora mismo en la Cámara. Quizá porque, como decía hace poco uno de nuestros «representantes», la retórica republicana no se puede utilizar para hacer llegar un mensaje a un ciudadano que está viendo la televisión mientras se toma un café en su casa. Y mucho menos a los que han optado por informarse a través de Internet.

Obligado Cicerón

No resulta fácil elegir un puñado de intervenciones representativas de nuestros 25 años de democracia. Por eso, los discursos resumidos y transcritos a continuación no han sido escogidos con el propósito de resaltar fechas o acontecimientos clave aunque pueda parecerlo. Aparecen como ejemplo del cambio experimentado en la forma de hablar de sus señorías y algunos de ellos son recordados y citados por los personajes de este libro que no han olvidado ciertos pasajes brillantes o especialmente significativos. ¿Tiene sentido romper la serie con un discurso de Cicerón? Sólo como reflexión final y resumen de lo actuales que resultan las reglas y la técnica del autor de *De oratore*, quien todavía hoy, más de dos milenios después de su muerte, pasa por ser uno de los grandes oradores de todos los tiempos.

Mensaje al país, por radio y televisión, del presidente del gobierno, Carlos Arias Navarro, tras la muerte del General Franco

Españoles: Franco ha muerto. El hombre de excepción que ante Dios y ante la Historia asumió la inmensa responsabilidad del más exigente y sacrificado servicio a España ha entregado su vida, quemada día a día, hora a hora en el cumplimiento de una misión trascendental. Yo sé que en estos momentos mi voz llegará a vuestros hogares entrecortada y confundida por el murmullo de vuestros sollozos y vuestras plegarias. Es natural, es el llanto de España que siente como nunca la angustia infinita de su orfandad, es la hora del dolor y de la tristeza pero no es la hora del abatimiento ni de la desesperanza. Es cierto que Franco, el que durante tantos años fue nuestro Caudillo, ya no está entre nosotros, pero nos deja su obra, nos queda su ejemplo, nos lega un mandato histórico de inexorable cumplimiento. Porque fui testigo de su última jornada de trabajo cuando ya la muerte había hecho presa en su corazón, puedo aseguraros que para vosotros y para España fue su último pensamiento plasmado en este mensaje con que nuestro Caudillo se despide de esta España a la que tanto quiso y tan apasionadamente sirvió.

Mensaje del ex presidente de Cataluña, Josep Tarradellas, pronunciado en el año 1977, con motivo de su regreso tras casi cuarenta años de exilio

Ciudadanos de Cataluña: ¡ya estoy aquí!

¡Ya estoy aquí! Porque yo también quiero el Estatuto. ¡Ya estoy aquí!

Para compartir vuestras penas, vuestros sacrificios y vuestras alegrías por Cataluña. ¡Ya estoy aquí!

Para trabajar con vosotros por una Cataluña próspera, democrática y llena de libertad. ¡Ya estoy aquí!

Por esta Cataluña que se tiene que poner a trabajar más que nunca para hacerla bien fuerte y bien próspera. Para que sea un ejemplo para todos los pueblos de España. Para hacer más fuerte que nunca la unidad que hemos construido en las horas difíciles de nuestra lucha y que nos ha llevado al triunfo. ¡Ya estoy aquí!

Que juntos, con todos aquellos catalanes y no catalanes que durante tantos y tantos años han luchado para poder llegar un día a esta explosión de alegría y entusiasmo, podamos hacer, como he dicho antes, más próspera y más próspera nuestra Cataluña. Ciudadanos de Cataluña: permitidme que os pida que en estos momentos de alegría también tengamos la serenidad de reflexionar y de ver las grandes responsabilidades que recaen sobre nosotros. Creemos que este triunfo que hemos alcanzado ha sido gracias al sacrificio de tantos y tantos ciudadanos que han dado la vida por Cataluña.

Moción del PCE en 1977 contra el entonces ministro del interior Rodolfo Martín Villa por los golpes propinados al diputado socialista Jaime Blanco por parte de miembros de las Fuerzas de Seguridad. Intervención de Santiago Carrillo

Los componentes de las Fuerzas de Orden Público son hombres surgidos de las capas más modestas de este país. Son hombres que han tomado ese camino no porque tuvieran vocación de esbirros sino porque en este país no era fácil para muchos trabajadores encontrar un trabajo en la fábrica o en el campo. (...) Fuera ya de las fuerzas de Orden

Público, lo que sí quiero decir al señor Ministro del Interior es que en el aparato de policía del Estado todavía hay estructuras, grupos de hombres que están ahí en esos grupos especiales no por su profesionalidad, sino por su adhesión al régimen anterior. (...) Hace falta una reforma democrática que no sería, creo yo, tan difícil. (...) Ni siquiera proponemos que el señor Martín Villa se vaya, porque si todo queda reducido a eso, aunque sería difícil encontrar alguien peor, todavía es posible que en el Centro haya un ministro del Interior peor que el señor Martín Villa.

Discurso del presidente del Congreso, Landelino Lavilla, el 25 de Febrero de 1981, al comienzo de la primera reunión de la Cámara tras el intento de golpe de Estado del 23 de Febrero de 1981

Señorías, el Congreso de los Diputados, el Parlamento Español, las Cortes Generales de España han sufrido y soportado un grave atentado merecedor de la más dura calificación. La representación del pueblo español, la libertad e independencia de los Diputados y la autoridad misma de esta Presidencia han sido desconocidas y maltratadas por la fuerza de las armas. (...) Sí es, sin embargo, momento para reprobar y condenar enérgicamente hechos como el ocurrido (...). Y es momento para instar la exigencia estricta de las responsabilidades en que se haya podido incurrir. Y es momento para proclamar nuestra fe en el orden constitucional y declarar paladinamente que hoy un auténtico grito de «¡Viva España!» no encierra una verdad distinta que la de «¡Viva la Constitución!» (...) Y es momento para reconocer y agradecer la decisión y el firme pulso de S. M. el Rey de España, que ha garantizado el orden constitucional y ha asegurado nuestra liberación.

Mensaje de Felipe González la madrugada del 29 de octubre del 82 nada más confirmarse la primera victoria del PSOE, por mayoría absoluta, en unas elecciones generales

Estamos dispuestos y preparados para asumir la responsabilidad que el pueblo español nos ha confiado. Desde este mismo instante, quiero hacer un llamamiento a las fuerzas políticas, a las instituciones, a las comunidades autónomas (...) para que se sientan integrados (...). Ningún ciudadano debe sentirse ajeno a la hermosa labor de modernización, de progreso y de solidaridad que hemos de realizar entre todos. (...) Nos reafirmamos en la indeclinable aspiración de reintegrar Gibraltar a la soberanía nacional. (...) Tenemos un gran pueblo, el pueblo español, que se merece todo nuestro sacrificio.

Intervención parlamentaria de Miguel Herrero, diputado del grupo parlamentario popular, en contra de la convalidación del Real Decreto-Ley 2/1983, del 23 de Febrero, de expropiación por razones de utilidad pública e interés social del grupo Rumasa S. A.

Señor Presidente, señoras y señores Diputados, en el discurso del Ministro de Economía y Hacienda, señor Boyer, pueden distinguirse claramente dos partes en su presentación que nos hace del Decreto-Ley: una primera parte que constituye una relación de hechos, que yo quiero reconocer que me parece una relación seria; se dan datos que deseo, por bien del Ministro y por el honor de la Cámara, que sean exactos; (...) Hay una segunda parte, apresuradamente leída por el Ministro de Economía, que realmente no es seria, señor Ministro, y yo se lo digo como amigo, en recuerdo de viejos tiempos; se lo digo como amigo: le han hecho un flaco servicio quienes le han preparado esta parte, porque es un puro disparate. Primero, citar una sentencia trocada y diciendo exactamente lo contrario de lo que la sentencia dice, señor Ministro, no es serio. La sentencia exactamente dice que todo el Título I está protegido.

Después se han citado autores. Se pueden citar muchos más, e incluso los mismos autores tienen uno u otro sentido. Pero quienes hicieron la Constitución saben, quienes han comentado la Constitución saben, quienes han estudiado la Constitución saben que una cosa es la reserva de Ley Orgánica del artículo 81 y otra cosa es la interdicción del Decreto-Ley del artículo 86; y eso, vamos, es el pan nuestro de cada día, señor Ministro. Y yo me explico que al señor Ministro, que no es jurista, sino que tiene una amplia formación en otras disciplinas, le hayan colado este gol, y lo lamento, señor ministro, por S.S.

Discurso del candidato José María Aznar desde el balcón de la calle Génova, sede del PP, la noche del 12 de marzo de 2000 tras confirmarse el triunfo de su partido por mayoría absoluta

Buenas noches: Os pido, por favor, unos minutos de atención. Quiero que mis primeras palabras en esta noche de alegría y mi primer pensamiento sea para todos los españoles que una vez más han contribuido a que nuestra democracia sea mejor y han hecho posible una fiesta democrática en España. Los españoles nos han renovado y nos han ampliado su confianza generosamente. (...) Ahora todos tenemos que colaborar y todas las ayudas son necesarias. Yo os digo a todos los españoles que la actitud del próximo gobierno, como ha sido estos cuatro años, será una actitud abierta al diálogo. (...) Y ahora me vais a permitir que me dirija especialmente a vosotros y que os diga una cosa de la que no sé si os habéis dado cuenta a estas horas: ¡hemos ganado las elecciones! Los españoles han sido muy generosos con nosotros y nosotros sabremos agradecer con nuestro trabajo, nuestro esfuerzo y nuestra dedicación esa generosidad (...) Me siento orgulloso de vosotros, me siento orgulloso de representar un gran proyecto político de centro, me siento orgulloso de que hayáis hecho una campaña electoral limpia, me siento orgulloso de que hayamos culminado muchos años de esfuerzo y sacrificio.

Intervención del presidente del PNV, Xavier Arzalluz, con motivo del Aberri Eguna (Día de la Patria Vasca) en Abril de 2000

Celebramos nuestro día de la Patria del año 2000 en medio de una masiva campaña dirigida por todos los corifeos mediáticos que directa e indirectamente controla o influye el Sr. Aznar. (...) El Lehendakari Ibarretxe con su gobierno y el PNV con su dirección política, ostentamos el privilegio de ser la pieza a batir más codiciada de un gobierno de derechas con mayoría absoluta (...). No hace falta ser profeta para augurar que si Suárez, con su 23 F tropezó con el problema vasco no resuelto y a González, con su GAL, le sucedió otro tanto, también Aznar, con su pertinacia e inmovilismo, sufrirá las consecuencias de su fracaso con un problema que se niega a reconocer y afrontar (...). Todos los pusilánimes que, asustados por la carga mediática diaria, desean que cambiemos de política y volvamos al esquema anterior, deben considerar, si son realmente nacionalistas, que si cada vez que Madrid y su gobierno nos impulsen a un cambio de línea cambiamos efectivamente de política, podemos bajar la persiana nacionalista y someternos a lo que ellos entienden por un sano regionalismo. En ese mismo momento, el PNV no sólo se verá reducido a servidumbre política, sino que dejaremos el campo expedito a las pretensiones de los más radicales.

Discurso ante el Senado de Cicerón, Padre de la Patria, al «regreso de su destierro»

Si no os doy, padres conscriptos, gracias tan cumplidas como merecen los inmortales favores que a mí, a mi hermano y a nuestros hijos nos habéis hecho, os ruego y suplico lo atribuyáis menos a tibieza de mi reconocimiento que a la grandeza de vuestros beneficios. (...) Me habéis devuelto además mi dignidad, mi posición, la República más grandiosa, la patria, cuyo goce supera a todos y, finalmente, me habéis devuelto a mí mismo.

Si debemos amar profundamente a nuestros padres, porque de ellos recibimos la vida, el patrimonio, la libertad y la ciudadanía; si también a los dioses inmortales, por cuyo favor tuvimos esos dones y todos los demás; si igualmente al pueblo romano, cuyos sufragios nos han elevado al más alto grado de dignidad en esta ilustre asamblea, asilo de todas naciones; sí, por último, a este mismo orden senatorial que tan frecuentemente nos honró con magníficos decretos, nuestro deber hacia vosotros es inmenso e infinito, por habernos restituido con singular afecto y de común acuerdo todos los beneficios que a nuestros padres debemos, los dones de los dioses inmortales, los honores del pueblo romano y los numerosos testimonios de vuestra estimación.

Marcus Tullius Cicero, Cicerón (106-43 a. de C.) murió ajusticiado.

BIBLIOGRAFÍA

Abozzi, Paolo, *Hablar bien en público*. Martínez Roca, Barcelona, 1998.

Albadalejo, Tomás, *Retórica*. Editorial Síntesis, Madrid, 1991.

Aristóteles, *Retórica*. Alianza Editorial, Madrid, 1998.

Carnegie, Dale, *Cómo hablar bien en público e influir en los hombres de negocios*. Edhasa, Barcelona, 1997.

Cicerón, *El orador*. Alianza Editorial, Madrid, 1997.

Davis, Flora, *La comunicación no verbal*. Alianza Editorial, Madrid, 1998.

Descartes, *Discurso del método*. Clásicos del pensamiento. Biblioteca Nueva, Madrid, 1999.

Ferrater Mora, José, *Diccionario de filosofía de bolsillo*. Alianza Editorial, Madrid, 1992.

García Mouton, Pilar, *Cómo hablan las mujeres*. Arco Libros, Madrid, 1999.

Knapp, Mark L., *La comunicación no verbal*. Paidós comunicación, Barcelona, 1995.

Martín Gaite, Carmen, *Usos amorosos del dieciocho en España*. Anagrama, Barcelona, 1994.

Merayo, Arturo. *Curso práctico de técnicas de comunicación oral*. Tecnos, Madrid, 1998.

Ong, Walter J. *Oralidad y escritura*. Fondo de cultura económica.

Ortega Carmona, Alfonso. *Retórica, el arte de hablar en público*. Fundación Cánovas del Castillo, 1997.

Profesores de comunicación, *Técnicas de presentación*. Texto de la Academia FORMA, Madrid.

Sanz Aparicio, María Teresa, *Psicología de la comunicación*. UNED, Madrid, 1998.

Studer, Jürg, *Oratoria: el arte de hablar, disertar, convencer*. El Drac, Barcelona, 1999.

Vallejo Nájera, Juan Antonio. *Aprender a hablar en público hoy*. Planeta, Barcelona, 1999.

Varios autores, *Grandes discursos*. Estudio preliminar de Mariano Gómez. Oceano, Barcelona, 1999.

Watzlawick, Paul, *¿Es real la realidad?* Biblioteca de Psicología. Textos Universitarios. Editorial Herder, Barcelona, 1999.